U0577222

行走在纯真语文路上

吴夏梅 / 著

东北师范大学出版社

长 春

图书在版编目（CIP）数据

行走在纯真语文路上 / 吴夏梅著. — 长春：东北
师范大学出版社，2020.6
ISBN 978-7-5681-6938-7

Ⅰ.①行… Ⅱ.①吴… Ⅲ.①小学语文课—教学研究
Ⅳ.①G623.202

中国版本图书馆CIP数据核字（2020）第106914号

□策划创意：刘　鹏
□责任编辑：邓江英　沈　佳　　□封面设计：姜　龙
□责任校对：刘彦妮　张小娅　　□责任印制：张允豪

东北师范大学出版社出版发行
长春净月经济开发区金宝街 118 号（邮政编码：130117）
电话：0431-84568115
网址：http：// www.nenup.com
北京言之凿文化发展有限公司设计部制版
北京政采印刷服务有限公司印装
北京市中关村科技园区通州园金桥科技产业基地环科中路 17 号（邮编：101102）
2022年6月第1版　　2022年6月第1次印刷
幅面尺寸：170mm×240mm　印张：12　字数：186千

定价：45.00元

行走在"三正"之路上的纯真语文

（他序）

特级教师吴夏梅专著《行走在纯真语文路上》行将出版，此乃值得一线教师阅读借鉴之良书。

吴老师属专家型教师，身处一线，躬耕于课堂，领衔省级名师工作室，坚持进行"纯真语文"教学之实践，可谓难得。其研究与实践，堪称一线教师极佳的行为示范。

太多一线教师奔走呼告——"我太忙了"。故而放弃阅读，放弃写作，放弃实践，甘心做个"教书匠"。繁忙，成了一线教师追求进步的阻碍，成了半途而废的借口，成为轻言放弃的理由，代之而起的便是"当一天和尚撞一天钟"的得过且过。而吴老师之著作，为我们亮出了答案，发出了呼喊——你还可以行走。只要走得正，就能走得远，走向高端。

其实，放弃亦合乎常理：教学工作之繁重，使教师难有精力再给自己加码。更何况，教研，发展，进步，哪个不是无止境？不论投入多少精力与时间，似乎也会如朱自清先生所说"像针尖上的一滴水滴在大海里"，悄无声息，不见踪影。任谁想到这里，都会"头涔涔，泪潸潸"……是以，我们常看到一线教师回归常见的状态：日复一日机械地重复着烂熟于心的工作，独处于自己的"小楼"，独成"一统"。

忙碌，最能"磨炼"人，越磨越圆滑。然吾辈需明晰：一线发展，虽为一条劳苦艰辛之路，却也是教学革新的进步之路。一线发展，依托的即是一线教师自觉自愿地参与教学实践和研究。借助吴老师《行走在纯真语文路上》一书，可见一线教师发展的阳光之路，具体分如下三个阶段：

第一个阶段为"实践"。实践是绕不过的道儿。实践研究是一线教师最为精通惯用的研究方式。身处得天独厚的实践环境与时空，教师需看重、用足，及时将自己的设想付诸实践，在实践中不断总结、反思、再实践，如此循环，三年可以小成，五年可构建自己的经验小王国，十年可成为区域之能手。吴老师书中所述之案例、反思，哪一篇不是实践的结果？哪一行文字不带着实践的勇气？

吴老师乃特级教师，是同行中的佼佼者。其实践还给青年教师带来最有益的一条启示：越是聪明的，越要注重实践。聪明，会让实践变得浮躁和虚假；聪明难免要耍，想要试图越过苦干阶段。因此，请务必埋头苦修，莫要妄图走捷径。

第二个阶段为"总结"。此阶段实际上应伴随着第一阶段同步进行。一边实践，一边总结，一边反思，不停留于口头，勤悟、勤写，如此方是正道。吴老师此书，显而易见是一种阶段总结。总结，是累人的，需要笔耕。尤其是语文教师，不过写作关，永远都只能是腐朽的"教书匠"。

此书告诉一线教师，教师写作，可以从论文、案例与反思入手。先学会吸收，而后再发出自己的声音，从埋头阅读，俯首写笔记开始，再到专著出版，问道语文。不仅是吴老师，窦桂梅、王崧舟等前辈，青年时也都积累了大量读书笔记。薛法根老师成名后，同样保留着记笔记的习惯。而我是在2012年活动中，得见法根老师蝇头小楷笔记之后，才开始使用笔记本。自然，吾等中年教师之笔记，不全是读书的摘抄，还有随感、偶得、灵感突发……未曾想，仅一年就一发不可收拾，发现诸多好处：讲座用，讲课用，阅读时用，和大家座谈时用。随时随地，随想随记，笔记不断充实，我亦在笔耕中不断得以丰盈。笨拙，使我不敢不带笔记，有它在身，方感异常踏实。笔记，这个最原始的方式，可称作一线教研的亮丽风景。读吴老师之书，莫不有如是之感，书中众多案例、实录，皆是当初一行行的文字记录，都是一次次的冥思苦想。吴老师不忘初心，将其整理成文，难能可贵。

　　总结要勤，要活络。读罢《行走在纯真语文路上》，不难发现，吴老师领衔一线教师，从自己的实践写起，行走在正路之上；写己之感受，叙述实践过程；写己之反思，记录真实想法；写己之设想，及时做出预计；写己之过失，予他人更多借鉴。也正因如此，该书有了极大的阅读价值。你可以在书中看到一位特级教师的研修成长轨迹。

　　第三个阶段是"阅读"。阅读完《行走在纯真语文路上》，由是佩服吴老师的理论研修之力，从中略窥见其经年累月、长期不断的阅读汲养。

　　实践之后，写作完成，免不了空虚，这是进入第三个阶段的信号。此时若单纯叠加实践，则会感到无依无靠、无法突破；若仅仅叙写随笔，则会感觉重复自我、提不起精神。此时，要提醒自己，该读读书了。须知，阅读应伴随教师教学教研的全过程。此处所提倡的第三阶段阅读，意指阅读支撑自己实践的专业书籍。观吴老师书中所提之理念，足见其是个资深读者，阅读在丰富自己的同时，也充盈我们的视野。

　　此三个阶段，是吴老师给我们的三个提示。实践、总结、阅读，阅读之后，又重归实践、总结，其间时刻不忘阅读，如此反复，由是循环。这就是我阅读这本书，经由吴老师的文字得到的启发；也是吴老师借助这本书，向一线教师做出的最佳示范——一线教师之教学研修，需行走在正路之上。

　　出发吧！挂上一挡，实践起步；总结、阅读，助力加码；如踏风火轮，呼啸向前。

何 捷

福建教育学院语文课程与教学研究所

开启梦想，共度语文之路

（自序）

犹记得初中时，读过这么一段话："梦想是我们对于美好青春的憧憬，是支持我们继续前行的内在动力，它就像是我们生命的一个支点，只要坚持不懈地追逐，就可以撼动整个地球。"我的父亲，便是我梦想起飞的摇篮，是驱策我走上神圣教师职业道路的坚定力量。父亲毕业于广东省英德师范学校，从教四十余年，二十多年一直从事初三语文教学。他的敬业精神以及对教育毕生的执着，影响我至今，成为我终生学习的典范。

在我幼儿时期，家乡尚未建幼儿园，母亲又忙于生计，因此我成为父亲教室外的常客。听着琅琅书声，我自顾自地玩耍，或倚门远看，或扒窗静听，或呢喃学舌。我幼小的心灵里，藏着对求学的向往，对美好教师职业的憧憬。记忆中的父亲，总是神采奕奕，既如太阳般耀眼，又如夜空的明星吸引学生的目光。父亲的言传身教、耳提面命亦如丝丝春雨浇灌我求知若渴的心灵幼苗，给予我莫大的启蒙。春风化雨之下，我也开启了属于自己的语文教学生涯。成为像父亲一样的教师，成了我美丽而羞涩的梦。我盼像父亲似的指导学生认读、品味、学写文章，引领学生在充满诗情画意的浩瀚学海中遨游。

余秋雨先生说："大道至简。"语文之道理应追求简单。于永正老师也曾有言："简简单单教语文。"随着《义务教育语文课程标准》的实施，阅读教改风起云涌，学说流派层出不穷。课堂上常常能见到花样翻新的形式，似乎一扫旧课堂的"一片昏鸦"，让人眼花缭乱。然而，异彩纷呈的语文课堂让人迷醉，更让人迷惑。崔峦先生曾指出："教学的最高境界是真实、扎实、朴实。"语文的独特使命是教语言文字。我们的语文课需洗尽铅华，返璞归真。语文就是语言和文字，语文教学的核心任务就是语言文字的运用，"积累字词、品味语言、感悟内容、学习写法"都是语文的本真，都是语文课堂应该引导学生学习的内容。语文教学就应追寻一种本真的教学境界，期待与儿童的精神相遇。

从教小学语文二十多年来，从懵懵懂懂走向轻车熟路，从一个在窗外观摩的学徒走向广东省名教师工作室主持人，从普通教师走向名师、特级教师。一路走来，感恩每届学子给予的信任，感谢同事、导师、同学的热心帮助……让我自信行走在纯真语文的天空中。

繁花落尽梅花开，洗尽铅华迎君来。

梅花枝头阵阵香，摇曳风中盼君来。

金风玉露把言欢，与君共叙纯真情。

铅华洗尽，返璞归真。此书以我二十多年的教学经历为主线，展现"借纯挚之心，守语文之真，书写一方水土，品学纯真语文"的教学特色。以"初心"为船，以"梦想"为帆，脚踏"本土"资源，借"语文"之风力，共度"纯真"旅途！与热爱小语教育的你，栽一路繁花，来一次灵魂深处的对话，共历纯真旅，齐得梅花香。

目录
CONTENTS

第 一 章

童孙未解供耕织，也傍桑阴学种瓜

第 二 章

问渠那得清如许？为有源头活水来

第三章

咬定青山不放松，立根原在破岩中

第四章

他山之石，可以攻玉

第五章

回看经行处，点点淡墨痕

第六章

书写一方水土，品学纯真语文

附 录

学生优秀作品

第一章

童孙未解供耕织，也傍桑阴学种瓜

课不会上，窗外悟；事无巨细，件件问。向身边优秀教师学习，踏实奏好"四部乐章"，提高语文课堂教学的有效性；向名篇学习，运用"单元导读课"，提高单元教学效率；向名家学习，以"感悟品味，唤醒亲情"的教学设计将语文要素和人文主题巧妙结合，让孩子们在"小成功、小快乐"的雨露中茁壮成长。

遇上语文，爱上语文

1995年我初中毕业，在家人的支持下，根据自己的意愿，紧随哥哥姐姐的脚步就读中师，报考了普师专业。可是，一轮面试之后，凭着一曲《大海啊！故乡》，被面试老师断言颇具音乐潜质，因缘际会进入音乐加强班。我在师范学习的三年，琴，弹得比以前好；舞，跳得比以前好；歌，童声唱得比以前更稚嫩。在第三年安排的实习中，别人都是进班听课、上课，我则帮实习学校排了一个月的节目，没能正经上一节课。那时的我坦然地想：物尽其用，人尽其才，这大概就是音乐教师成长的必经之路吧！

1998年师范毕业，我被分配到了母校——广东韶关市翁源县坝仔镇中心小学。同年8月29日，是个让我难以忘怀的日子，我哼着《圆舞曲》的旋律，以音乐教师的极佳姿态去学校报到开会。很快，学校领导派发分工表。分工表上明确地写着：吴夏梅，担任五年级乙班班主任及语文教师，兼任五、六年级音乐教师。对此，我甚为诧异，一时不知所措，零星听到学校领导几句解释：学校现在大部分是民办教师或临时代课教师，中师生素质优异，应当优先承担主科教学。

手捧语文书，我如坠五里雾中，仿若狗咬乌龟——找不到头。该如何上课？如何布置作业？我无所适从。不得已，开学第一节课，我拿着语文书，站在五甲班的窗外偷师叶春花老师上课，然后如法炮制，依样画葫芦。东施效颦，自然落不得好，一节课下来，常感语无伦次，汗颜顿生，满是挫败。不免归家与父亲倾诉，父亲大义微言："要做好一名语文教师，你要学的东西很多。农村的孩子学知识靠的是课堂，他们放学回到家不但没人辅导，还要干不少的农活儿。如果你在课堂上不能让他们好好地学习新知识，你就不是一名合格的教师。作为语文教师，你对教材要非常熟悉，做到心中有本，才能去上课。小学的教学方法与初中有很大的不同，你要善于向身边的优秀教师请教，细节决定成败，所以事无巨细，件件问清楚；同时，和学生做朋友会让你教得快乐……"我茅塞顿开，好似找到了前进的航向。此后，钻研教材、勤学好问成了我从教的必修课程。

　　我向身边的叶春花、赖永够等优秀教师看齐，时常邀请她们光临我的课堂，以寻求更多教学的指导；我亦常翻看她们的教案本，与她们探讨如何上好语文课。在她们的耐心帮助下，我大有满载而归之感，日渐能合理分配课堂教学时间，更好地把握重、难点，能适时进行课堂检测，也学着更好地调动和培养学生的积极性，等等。我如饥似渴地模仿着、借鉴着、学习着、实践着，把她们的教学方法结合本班学生的实际运用到我的课堂教学中，落实听、说、读、写、思的训练，促进学生"理解和运用语言"能力的长进。冬去春来，教学上的进步，使我越发感受到小学语文是一个充满灵气和活力的精彩世界，它承载着培养语感、发展思维、提高言语能力、传承民族文化、丰富精神世界等重要"使命"。四年的农村教学经历，让我慢慢地爱上了这门学科，于是我毫不犹豫地在大专和本科学习中选择了汉语言文学专业。

在学生的眼神中发现教育契机

眼睛是心灵的窗户，这是著名画家达·芬奇的至理名言。一个人的眼神能表达出其内心的想法，因此爱默生说："人的眼睛和舌头说的话一样多，不要字典，却能从眼睛的语言中了解一切。"话语可以是谎言，但眼神是说不了谎话的。作为小学教师，我们要学会读懂学生的眼神，了解学生"无声胜有声"的表达"潜台词"，这将帮助我们更好地了解学生的需要及思想动向，更好地走进学生的内心世界，为做好教育教学工作助力。下面是我在平时教育工作中有关眼神的几个故事。

一、忧心忡忡、愁眉不展的眼神故事

小颖是五年级（2）班的班长，神采飞扬、热情洋溢是她留给我的印象。因为她品学兼优，琴棋书画样样棒，加上她是一个热心帮助他人的女孩，所以在班上她具有极高的威信。可在上学期期中考试前的星期一，上课前我扫视全班眼神时发现她的眼帘下垂，目光不再有往日那种自信的风采，而是忧心忡忡，愁眉不展。下课后，我把她叫到办公室，轻声问："小颖，你是不是有心事？"她没有说话，只是轻轻摇摇头，那双明亮的眼睛充满了忧伤，我知道一定发生了什么事。于是我用关切的眼神看着她，轻柔地说："孩子，老师知道你有伤心事，我愿意和你一起分担。""老师，星期五我爸爸出车祸了，眼睛瞎了一只，现在都已经三天了，可我爸爸还是昏迷不醒，我该怎么办？"小颖哽咽着说。"孩子，灾难是我们无法控制的，可人是打不败的，你首先要有信心。老师等会儿在网上给你下载几个关于怎样唤醒昏迷亲人的故事。你是个聪明的孩子，老师相信你会找到好的方法，只要你有信心，爸爸一定会苏醒的。"两个星期后，小颖连蹦带跳地跑来告诉我："老师，我爸爸醒了。我每天拉着他的手，给他说开心的事。老师，谢谢您！"那个自信、神采飞扬的女孩又回来了。

二、躲躲闪闪、不敢正视的眼神故事

周五的早上一进办公室，我校分管德育的曾副校长就说："今天早上七点钟左右，一名二年级的男同学上厕所时被一名高年级的男同学用刀片划伤了手臂，送去医院缝了5针。那个低年级的同学认不出是谁做的，校园监控也只拍到一个穿短裤及黑色运动鞋的男生，请五、六年级的班主任配合调查此事。"听了曾副校长的话，在震惊之余，我马上冷静地思考该如何处理。第三节课恰好是五（3）班的课，我在课前讲述了这件事，我一边讲一边习惯性地观察学生的眼神，我发现大部分学生是瞪大了眼睛，是一种惊呆的眼神，是一种感觉不可思议的眼神。当我的目光扫视到第四组的时候，我发现小何的眼神大不相同，他的眼神是躲躲闪闪的，不敢正视我。再看一下他的穿着：穿短裤、黑色运动鞋，我心中已有了答案。我再一次在班上强调，希望做错事的同学，有勇气到老师面前承认错误，然后，我用充满期待的眼神望着小何。一分钟，两分钟……在全班沉默了五分钟左右后，小何慢慢站起来说："老师……是……我。"他后悔、害怕的眼神告诉我，他已经知道错了。我没有责骂他，只是与他的家长一起去做好善后工作。六年级写"我的自传"这篇作文时，我看到小何作文中的一段话："我是一个善良的人，可在五年级的时候干了一件轰动全校的事，这件事让我明白冲动是魔鬼……每当我冲动的时候、想逃避责任的时候，我总想起老师那充满期待的眼神……"

三、昏昏欲睡、无精打采的眼神故事

小张是一个聪明、话匣子一开就关不住的小男孩，他的眼神中充满愉快，经常是目光四射、眉飞色舞。最近一段时间我却发现他的眼神是昏昏欲睡、无精打采的，我问他："你身体不舒服吗？"他说："没有呀！我平时都是九点

钟上床睡觉，精神好着呢！"说完他还在我面前来了个三百六十度的华丽转身。我还是不放心，便打电话询问他的父母，他奶奶也说他每天都是九点钟左右上床睡觉，身体也没有什么异常。从他的眼神中我感觉他应该有什么事情，于是派出"小侦探"与小张套近乎，侦查小张近期的活动。三天后"小侦探"告诉我：小张近期玩三国的游戏，听说级别很高了，还拥有不少的"财富"呢！我把小张带到我办公室的电脑前，打开三国游戏，然后用坚定的眼神正视着他说："聪明的你应该知道怎么回事吧？告诉我真相吧！"小张低着头，不敢正视我，他小声地说："老师你真神！我这段时间每天晚上都在玩游戏，上次你问我的时候，我想不要再玩了，可游戏实在是太吸引我了，一到晚上我便又控制不住自己了。""你不是九点钟上床睡觉吗？"我问道。"嘿嘿！平时都是我和奶奶一块儿住，奶奶每天晚上看我睡觉了，她也进房间睡觉，等奶奶睡着了，我就偷偷上网，凌晨四五点钟我才会爬上床继续睡，等奶奶叫我的时候才起床，所以奶奶一直没发现……"小张眉飞色舞地说着他的"高招"。这孩子真让人哭笑不得。今年小张到市实验中学去上学了，他在给我的信中写道："感谢校长的慧眼明察秋毫，要不是您的发现及教导，后果不堪设想……"

作为教师，我们需要与学生沟通，眼神交流是一种不可忽略的沟通方式，倘若您善于观察，学生内心的想法、学生的思想动向定能被您看得透彻。当学生目光迟疑时，学生一定有难言之隐；当学生怒目而视时，也许他有冤屈要申诉；当学生用满怀期待的眼神看着你时，正是孩子期待你表态之际……请不要忽视学生的眼神，透过心灵之窗，我们就会读懂一颗颗真诚的心！透过一双双眼睛，与他们架起心灵的桥梁，同时也不要吝啬自己充满关爱和鼓励的眼神。请相信，只要我们细心观察就能从学生的眼神这本书中，读出教育的原理，读懂教育的真谛。

踏实奏好"四部乐章"，提高语文课堂教学有效性

　　什么是高效课堂？高效课堂，是指教育教学效率或效果能够有相当高的目标达成的课堂，具体是指在有效课堂的基础上，完成教学任务和达成教学目标的效率较高、效果较好，并且取得教育教学影响力和社会效益的课堂。高效课堂的定义众说纷纭，但其一个基本描述是，高效课堂是以尽可能少的时间、精力和物力的投入，获取尽可能好的教学效益。也就是说，课堂要做到效率最大化，效益最优化。在平日的闲谈中，偶尔我们会谈到自己身体不适时，到医院去看病，某庸医开了一大堆药，吃完这些药后，结果还是"涛声依旧"——病，没有得到有效的治疗。我们在责骂庸医的同时，回过头来看看当前我们的语文教学，也存在类似的现象。某些教师为了使教学成绩名列前茅，课堂上喋喋不休地讲，讲得大汗淋漓、嗓子发痛，甚至把体育课、音乐课、科学课等自习时间挪来一用；课后布置给学生小山似的作业，一个词语抄二十遍，一段话抄十遍。教师呀！教得太辛苦了！学生呢？学得太累了，成绩不见好，反而认定学语文太枯燥无味，一些学生甚至因此对语文丧失兴趣，就更别说提高学生的语文综合能力了。

　　那么如何才能让语文教学呈现实效，让学生们学得轻松、愉快，达到"药到病除"的效果呢？在认真观察了身边优秀教师的做法后，我觉得要踏实地奏好以下"四部乐章"！

第一乐章：精心的准备

在课堂教学中，教师如同乐队的指挥，对乐曲的情感及每一个音符、节拍都要非常熟悉。如果教师上课前不熟悉教材，不明确教学目的、要求及重点、难点等，一味地想到什么就讲什么，带着学生漫无目的地"游花园"，那么，即使讲破喉咙，这样的课堂教学也不可能取得高效。因此，在课前教师要做到以下几点：①钻研教材、理解文本，明确教学的重、难点；②了解自己学生的认知水平和生活经验，针对文本及学生的认知水平设计一些有思考价值的问题；③准备好相关的教具，如挂图、小黑板或奖给低年级学生的小红花、小星星等。

例如，在教学《长征》这篇课文前，上课前我把课文先读了三遍，然后把"逶迤""岷山""磅礴""等闲"这些学生可能不理解的词语圈出来，在书上写出解释，接着认真阅读教学参考书，明确教学的目的、要求；在书上对教学中的重、难点做上记号或标注，然后结合本班学生的认知水平及生活经验撰写教案，最后准备好上课时需要的有关长征的图片、影视资料等。这样备课虽然会花费不少精力，但在课堂上能灵活地与学生交流，为提高课堂教学有效性打下了扎实的基础。

第二乐章：有效的预习

学生如同乐队的演奏者，要与指挥完美配合，首先对乐谱要了解。学生课前预习也是提高课堂教学有效性的必要条件之一。那么如何让学生进行有效的预习呢？对于低年级的学生，我们可以教他们用朗读识记式和与家长交流式相结合的方法进行，学生每天只需要花费十分钟左右，把新课文中的生字、词语读准字音，把课文读顺、读通；对于文中一些有兴趣的问题，可以与家长交流，从而达到能流畅朗读课文、了解课文内容、增强口语交际能力的目的。高年级的学生具有一定的自学能力、较强的思考能力，因此，可以结合课文的需要，采用排除障碍式、材料准备式、发现问题式等方式进行。

例如，在教学《十年后的礼物》这篇课文前，我布置学生带着课后思考练习题去读课文，边读边思考，从文中找出答案，同时鼓励学生在文段上用铅笔写一写自己读书的感受，也可以提出一些问题，对于自己不理解的词语圈出后立即查字典释疑。这样既能满足学生的猎奇心理，又增强了学生在课堂上的求知欲。

第三乐章：精彩的课堂

一节课只有四十分钟，除了课前准备、组织教学外，只剩下三十五分钟左右。如何把握好这三十五分钟，让学生充分享受到学习的快乐？我想首先需要的是激情，教师要像乐队的指挥员一样，在学生面前无论任何时候都要展示一个激情四溢、活力无限的你，善于把自己对教材的感受和对生活的情感体验传达给学生，使学生的思想与认识同生活联系在一起，产生情感的共鸣，让课堂教学自然绽放激情。否则有气无力的你只会让课堂沉闷，学生"开小差"或"梦周公"。其次是多种学习形式相结合，让学生手、脑动起来，教师在课堂上要启发学生、鼓励学生多问，不要包办、代替，还应恰当安排学生小组合作学习，互相取长补短，形成师生互动、生生互动的课堂。这样学生会思、会问、会学，懂得如何与别人合作交流，课堂教学才会变得有效。最后，教师的恰当评价也是点燃学生学习激情的法宝。因此，在课堂上我们不要吝啬对学生的赞美和鼓励，如"你真善于观察，向你学习。""没关系，加油！""老师相信你下次的回答会更棒！"喜欢被表扬和赞赏是孩子的天性，顺应孩子天性有利于培养学生的自信心，会让他们慢慢地爱上语文课，使课堂教学效果趋于高效。

第四乐章：完美的结尾

对乐队而言，一首曲子演奏完了，需对观众深深鞠躬行礼，然后有序地离开舞台，这才是完美的结尾。而对语文教学来说，我认为要做好以下两项工作：①精心布置作业。作业是课堂教学的一种延伸，能使学生巩固所学知识，因此我们必须围绕教材，遵循"重质量，轻数量"的原则，既要顾及作业的一般作用与功能，也要注重学生主体作用的发挥，尊重学生的个别差异，改革作业的形式与内容，让作业从"写"的单一形式中走出来。多布置一些类似于"超市购物"形式的作业，使作业富有趣味性，具有吸引力，给基础不同的学生以选择的自由，改变以往作业总是"一刀切"的现象，以满足不同层次学生的需要，达到提高学生学习能力和知识水平的目的。②写好课后反思。记得一次讲座上听专家说过这么一句话："一个教师写一辈子教案不一定成为名师，如果写三年教学反思就有可能成为名师。"在教学后把自己的成功之处、疏漏失误之处、学生创新之处、教学中的困惑等详细得当地记录下来，并针对这些问题作深刻的反思、探究和剖析，供以后教学时参考使用，还可在此基础上不断地改进、完善、推陈出新，提高理论水平，这也是提高语文课堂教学有效性的"宝典"。只要每位教师用一丝不苟的态度踏实地做好每一项工作，就可以演绎出精彩的语文课堂，提高课堂教学的有效性。

单元导读课，语文教学的"好伴侣"

从教的第一年秋，县教研室赖冰玲老师来听我的课，给我介绍了《中国小学语文教学论坛》中的一篇文章——《以单元主题之线，串整组内容之珠》，它以模块的形式介绍了"单元导读课""单元总结课"等五种教例。反复阅读后，我深受启发，特别是文中介绍的单元导读课。虽然加上单元导读课后，每个单元要增加一个课时，但经过实践我发现它是提高学生学习能力的好"伙伴"，是教师在语文教学中的"好伴侣"。

一、有利于教师更好地把握教学方法与进度，提高单元教学效率

《孙子》有云："知己知彼，百战不殆。"单元导读课就是教学中最佳的"侦察兵"，它是我们了解学生认知水平的平台。例如，教学S版五年级语文上册第三组课文导读课时，我让学生谈谈读完这组课文后有什么感受。也许是因为本组课文都是发生在革命战争年代的故事，距离学生的现实生活较远，虽然学生们对这些中华人民共和国的缔造者和开国元勋可歌可泣的感人事迹非常感兴趣，但对于红军、邱少云、小雨来他们为了争取民族的解放和国家的独立，不屈不挠，抛头颅、洒热血的做法，却有不理解、迷茫之感。从这节导读课中，我对学生的认知程度大致有了了解，发现了他们认知路上遇到的困难与障碍。于是，我及时调整了教学方法：在教学中除了简介故事的历史背景，引导学生多读之外，还充分借助各种教学手段，注重形象感悟，尽量引导学生通过自己在电视、书籍、文章中看到的实例，感悟课文内容；同时运用对比的方

法，在对比中，帮助学生领悟意蕴，体会情感。为配合学生，还稍放缓了教学进度，以顺利达到教学目标。单元导读课能让教师系统地把握上完这一单元以后学生要掌握哪些知识，提高哪些能力，具备哪些技能、技巧，情感和态度将会发生哪些变化，进而有针对性地进行教学，切实提高单元教学效率。

二、有利于提高学生学习的主动性、积极性

在单元导读课中，学生明确了本单元的学习任务，对本单元主题和所写的内容有所了解，知道需要搜集哪些资料，能为课文的预习起到铺垫，为课文学习做好引领。它会促进学生课前预习的效果，学生上课时会因为有精心的准备，而感到胸有成竹，从而能畅所欲言地表达。例如，在教学S版五年级语文上册第11课《七律·长征》一课时，因为有前面的导读课作为牵引，大部分学生能利用周末观看长征的纪录片、故事片，搜集反映长征的文字、图片资料，并自主进行朗读训练，故而上课时学生激情洋溢，在回答教师提出的问题时能做到有感而发。班长陈国威还模仿毛泽东同志将课文有感情地朗读了一遍，教室里不时响起赞许的掌声。学生在课堂上得到了教师的表扬、同学的认可，充分品尝到预习的快乐、学习的快乐，就会带着这种成功的学习体验和浓厚的求知乐趣，积极投身到学习中去。

三、有利于提高学生的语文实践能力

现今是信息社会，面对纷繁无章的信息，学生在搜集信息的过程中常感无从下手，不知如何作出最佳选择。单元导读课恰能较好地解决这一问题，它除了让学生掌握本组课文的知识外，更重要的是教给学生方法，揭示规律。在教学S版五年级上册第三组课文导读课时，我设计了这样一个问题："你认为学习本单元要查找哪些资料？用什么方法查找？"让学生充分交流后，我作出引导，方法有：上网点击"血铸中华""民族魂"等网站；阅读赞颂抗日战争英雄的故事书，如阅读《铁道游击队》《小兵张嘎》等；搜集有关长征的资料和老一辈革命家关心群众的故事。如此经过长期的训练与引导，学生就能掌握一定的方法，就会善于从知识的海洋中准确地选择自己需要的那朵浪花。大部分学生从中感受到了读书、读报的乐趣，心智变得更加开阔、更加敏锐，从而达

到提高语文实践能力的目的。

四、有利于培养学生整体把握的能力

心理学告诉我们："人类心理中最基本的特征是在意识经验中显现的整体性，而整体性也是我们直觉思维最显著的特征，直觉思维从认识过程一开始就把对象作为一个整体来观照。"（高玉祥著《个性心理学概论》）《义务教育语文课程标准》强调"要重视培养良好的语感和整体把握的能力"。导读课是以单元为核心，构建课内整体阅读系统，它从整体入手，让学生们整体感知本单元的主题及本单元课文内容。例如，在教学S版五年级上册第三组课文时，我先让学生用自己喜欢的方式阅读《七律·长征》《狼牙山五壮士》《小英雄雨来》《我的战友邱少云》《紫桑葚》这五篇课文，然后引导学生用比较、讨论、归纳等方法整理本单元的学习内容，使之条理化、系统化。这样就是让学生在"部分体验"学习活动之后，再回到"整体"上，对单元学习内容进行全面把握。就好像把一颗颗散落的珍珠，整理成一串排列有序、熠熠生辉的项链。长期如此循序渐进，学生的整体把握能力便会不断提高，良好的语感也随之逐渐形成。

五、有利于培养学生善于质疑的能力

善于"质疑"，作为一种有效的学习方法，对于破除传统的注入式与接受型教育模式有很大的创新价值。它不仅有助于学生的思维发展与健康个性的形成，而且有助于激发学生学习的内在动力，促进学生智能的完善。经过一段时间的引导，我发现很多学生为了在单元导读课上获得"阅读之星""最佳小问号"等奖项，常常在课前进行大量阅读，静静地与文本对话。不少学生还会在一些语段旁边作批注，或在预习本上写思考，在不懂之处作上记号。这些做法，皆有助于学生深入思考问题，发现问题。同时，单元导读课能使学生立足于单元整体来学习，有利于在一个相对大的范围内，提出更有思考价值的问题。例如，在教学S版五年级语文上册第三组课文导读课时，学生提出了这样的问题："红军为什么要越过五岭和乌蒙山？是什么让红军战士、狼牙山五壮士、邱少云等英雄勇于抛头颅、洒热血呢？"我将这些有价值的问题及时纳入了教学预设，使学生强烈地感受到，课堂解决的是自己的问题，从而体会做学习主人的成就感。

经过实践，我的感悟是，导读实际上是一个整体感知的过程，一个目标导向的过程，是一个自我调节和反思总结的过程，可以让学生带着一种求知的欲望，去主动完成对知识的自主建构，从而明确本组课文的学习目标、学习方法与策略，甚至预期较为理想的学习效果，所以单元导读课又叫单元整体感知课。单元导读能让学生整体感知单元学习专题与学习内容；整体把握单元学习要求；开展课外实践活动与资料积累；激发学习的兴趣，孕育求知欲望。

让学生在"小成功、小快乐"的
雨露中茁壮成长

作为新教师的我曾有幸参加北京师范大学老教授协会、中国教育教师网在韶关市举办的"全国著名教育家魏书生教育思想专题报告会"。魏老师带给我太多的震撼，精神抖擞的他一直站着为与会者作报告，他的报告如此真实、生动，感动人、吸引人、教育人；如此让人颔首称赞、津津乐道，令人胸怀宽广、观念更新、精神振奋。在归途中，我常情难自抑地与其他教师反复私语："做魏老师的学生真幸福！他们能在'小成功、小快乐'的雨露中茁壮成长。"

作为小学教师的我们，只要肯改变、肯思考也能让我们的学生在"小成功、小快乐"的雨露中茁壮成长，成就学生的幸福人生，提升教师从教的幸福指数。

一、改变心态，为"小成功、小快乐"开路

魏老师给我们讲了他在"文革"时天天挨批斗、晚上坚持练拳的故事；讲了他教初二（8）班（56位学生全是男生，而且是从各个班淘汰的学习后进生）的经历。魏老师说得好："埋怨环境不好，常常是我们自己不好；埋怨别人狭隘，常常是我们自己不豁达；埋怨天气恶劣，常常是我们自己抵抗力太弱；埋怨学生难教，常常是我们自己方法太少。"确实，我们无法改变环境，也无法

让每个学生的父母照着你的标准给你生一个"标准的学生"，所以在工作中我们要善于改变自己来适应周围的环境，遇到不顺时从自身出发找原因。作为一名教育者，多改变自己，少埋怨环境，在遇到问题时要学会变换角度思考问题，选择积极的角色进入生活，要努力去适应自己的学生，不能一味地要求学生来适应教师，只有教师熟悉、适应学生，才能改变学生，使师生成为一个和谐的整体，师生才能共同进步和成长。有了这样的认识，我们才能面对现实，坦然地面对班内调皮捣蛋、屡教不改的学生，面对一些每次考试都是几分的后进生。此后，我及时调整自己的心境及教育方法，无论遇到什么事，不管有多累，在学生面前始终努力展现一个面带笑容、和蔼可亲、充满活力的自己。我不断鼓励学生寻找自己的优点；引导学生将心灵的摄像机对准"真善美"，摄下同学进步、感人的镜头；坚持微笑教学，经常抚摸学生的头，用手势、语言鼓励学生，经常对学生说"我觉得你能行！""你真棒，相信你有办法解决的，加油！"等激励性语言。不知不觉中，我发现自己的心境平和了，眼界开阔了，觉得学生亦可爱了许多，开朗乐观了许多，快乐的笑声时常在我班响起，学生的学习劲头更足了。

二、造机会，给"小成功、小快乐"舞台

1. 在教学中创造机会

争取成功是一个过程，实际上是一个"爬坡"的过程，它必须有自信心做支柱。培养学生的自信心，需进行"'我行'教育"，要经常对学生说"我觉得你能行！""你真棒，相信你有办法解决的，加油！"等激励性语言。

（1）不把学生看作知识的容器，而是看作等待点燃的火炬，把学习的主动权交给学生，让学生在探索之中享受成功。在课堂上首先从简单的问题入手，鼓励学生去解决它、战胜它，让学生体会到成功的快乐，然后逐步引导他们挑战一些有难度的问题。教学方法上注意发挥学生的自主性，如在规定的时间里让学生思考、批注、背记，遇到不懂，请学习小组的同学互帮互助。

（2）把展示贯穿在整个教学中。课前展示，让学生自主选择内容，自主组织，自己主持，自己总结；课中自学展示，口头汇报，在讲台上演示，个人展示，小组集体过关，挑战难点，质疑抢答，参与创新能力攻擂赛等。展示能

满足学生渴望被认同的心理，让学生充分表现，尽情发挥，张扬自由，在展示中认识到自己的潜能，在竞争中感受到自己的价值，在发展中体验到成功的快乐，树立学习的信心。

（3）每一次布置作业我都采用"作业超市"的形式让学生自主选择，给学生一个自由的空间。学有余力者可选择难度较大的题做，能力欠佳者可从易处着手。作业题量、难度适宜，选择自主，完成的时间灵活，不同层次的学生完成作业不再有困难，每个学生在适合自己的作业中都取得成功，获得轻松、愉快、满足的心理体验，又扎实地掌握了知识技能，学生成为作业真正的主人。例如，每一节新课前的预习作业，我只要求学困生把课文读正确、读顺即可，课后复习作业以字词复习类为主，以弥补字词掌握的缺陷，每一次作业的布置以基础为主；对于眼手耳协调能力差的学生，书写的作业量较少，从较低要求开始，让学生"跳一跳"就可摘到"果子"，"品尝"到成功的"滋味"，然后再加大力度，让学生"拾级而上"，最终达到成功的"巅峰"；对于优等生，就注重引导他们大量阅读与教材有关的文章，其视野开阔了，口头和书面表达能力日益变强，其语文综合能力也越发出类拔萃。

（4）学生作业做得又对又好或者取得进步时，批改作业除了打上"优"外，还可加上各种评语。例如，"你真棒！""太妙了！"这也正是运用了美国心理学家罗森塔尔的皮格玛利翁效应，使学生体验到成功的快乐。

（5）成绩差的学生，一般表现为缺乏上进心和荣誉感，表面上似乎对一切不以为意，其实他们也有强烈的自尊心，渴望得到同学和教师的重视。因此，在每一次的教育、评价中，我都特别小心，当他们有点滴进步时，我就用情感去感染学生，寻找契机，抓住瞬间，递个眼神，打个手势，送个赞许。我把"后进生"当成"后劲生"，用发展的眼光看待他们。坚持"只激励，不指责；只帮助，不埋怨"，做到以宽容之心对待学生的错误。

2. 在班级管理中创造机会

关于班级管理，魏老师有一个精妙的比喻，他说："班主任其实是专门为学生服务的船工；他们接了一届学生上船，奋力将船划向对岸，学生们上了岸，奔向远大前程了，而班主任又把船划回岸边，接送下一届学生。"学生与教师既是服务与被服务的关系，也是携手互助的关系。传统的班级管理，班主

任普遍有主观性、随意性，或是强制性地发号施令，或是家长制地出言必训，或是保姆式地看管，不给学生一点儿自由支配的权利。长期以来，班主任起早贪黑，班级工作事无巨细，忽视了学生的主体性，压抑了学生的自主、自理、自治能力的发挥，不利于现代人素质的培养。只有实行全员管理，整体的力量才能得到发挥，个性、积极性和素质才能得到提高。只有确认学生在班集体中的地位、权利和义务，让其真正享受到民主、平等、自由的权利，才能唤起学生的责任感、使命感和义务感，学生的主体作用才能得到充分发挥，班集体才能成为学生自我教育、尝试成功的精神乐园。在班级管理中，我像魏老师一样让每个学生都有自己的"责任田"，把班级所有的事情都承包给学生，让每个学生根据自己的能力来承包一块"责任田"，将班级管理的责任落实到每个人头上，组织纪律、学习纪律、清洁卫生、文艺活动等管理责任到人，做到"人人有事做，事事有人做"，让学生充分行使"主人"的权利，在参与班级管理中享受"小成功、小快乐"。

三、尊重学生，为"小成功、小快乐"加油

我国自古以来尊师重教，然尊重学生却未必深入人心。魏老师说得好："我们不能把学生当作没有思想、没有情感的被动的受管理者，而应该把他们当作有思想、有意志、有情感的主动发展的个体。成功管理的前提是尊重他们的意愿，尊重他们的人格，把他们当作实实在在的'人'，而不是驯服物。"尊重学生必须做到以下几点：

1. 公平对待每一个学生

"爱优生是人，爱差生是神。"教师虽然不是神，但应具有这样的胸怀和追求。教师不能因为某个学生成绩好而偏爱他，甚至作出不公平的决定，即使是所谓"差生"，也不应当受到歧视和忽略。要客观公平地对待每一个学生，这样才能避免偏颇，才能促进每一个学生的发展；学生才会觉得教师可亲可敬，进而"亲其师，信其道"。

2. 将心比心换位思考，设身处地比较

学生是活生生的人，他们有思想、有感情、有自己的道德标准，所以处理学生问题时，就要经常注意换位思考。学生犯错心情沮丧时，拍拍他的肩膀，

这些无声的肢体语言有时候可能要比批评的话语更能催人改正，激人奋进。学生思想偏离轨道时，要给予正确的引导，而不是劈头盖脸、不分青红皂白地乱批一通，更不应有过激的行为。

3. 教学相长记心中

韩愈《师说》云："弟子不必不如师，师不必贤于弟子。"说的是教师不一定都比学生高明。是故，我常像魏老师一样多与学生"商量商量"，学其所长。例如，在教学中，常有学生在答题时，理解之深刻，角度之新颖，方法之精妙独到，令人拍案叫绝。对于学生在学习中创造出的智慧，我会毫不吝啬地说："老师不如你，老师要向你学习。"让学生体验成功的快乐的同时，促使其产生更强的学习愿望。

向名家学习，是我人生中的一笔巨额财富，在魏书生、窦桂梅、王崧舟等众多教育家身上，我学习如何成为一名合格甚至是优秀的人民教师。教育教学中，我一直坚持微笑面对每一个学生，奉献爱心，细心呵护每个学生的心灵，尊重他们，学会赏识他们，让他们像春天绽放的花朵，健康快乐地学习。我愿把教室变成快乐求知的乐园，与学生一起快乐幸福地成长！

感悟品味　唤醒亲情

——《倾斜的伞》教学设计

【教材分析】

《倾斜的伞》是作者对往事的回忆，写了外公和外孙女两代人之间互相为对方打雨伞的场景。全文托情于物，寄情于伞，以"雨中倾斜的伞"为线索，将外公对"我"的爱和"我"对外公的爱的情感线连起来，使"雨中共伞"这一生活中常见的场景中所蕴含的强烈的爱的气息巧妙地呈现出来，让人感到亲情的温馨，并深深地感动。课文的结尾部分，作者抒发了内心强烈的情感，使读者清晰地认识到，雨中伞下笼罩的是纯真的至爱亲情。随着时间的推移，当年的小姑娘变成了女青年，倾斜的伞也将那纯真的至爱亲情传递了下去。

【学情分析】

我班的学生思维很活跃，口头表达能力及自读自悟方面的学习能力较强，特别喜欢以四人小组的形式进行朗读练习。他们大多数是独生子女，是父辈心中的"小太阳"，吃穿用度是最好的，不少孩子的书包甚至都有父辈帮拎，时时享受着亲人的呵护和爱。那么，他们是否感受到了亲情的温馨与幸福呢？他们又是否懂得去感恩、回报这些爱呢？这些是学生感悟品味好文章的关键。

【设计理念】

以学生自主、合作、探究读书和心灵交汇为主要教学形式，充分利用和开发活性资源，在一系列的语文实践活动中完成理解、感悟、升华的过程：①让学生在反复的阅读中产生激情；②在质疑的解读中流露真情，从而全面提高每

个学生的语文素养。

【教学目标】

1. 知识技能目标

（1）正确认读本课的生字、词语。

（2）理解课文内容，了解文章题目的含义。

（3）正确、流利、有感情地朗读课文。

2. 过程与方法目标

（1）让学生在有感情朗读、分角色朗读中，感悟理解课文内容。

（2）培养学生的阅读能力及口头表达能力。

3. 态度与价值目标

了解外公雨天对幼年的"我"的呵护，以及长大成人后的"我"在雨中对年迈外公的照顾，体会祖孙间的亲情。

【教学重难点】

引导学生体会雨天外公对年幼的"我"的呵护，以及"我"对年迈外公的照顾，感受祖孙间的亲情，学会感恩。

【教学准备】

多媒体课件。

【教学过程】

（一）回忆雨景，导入新课

同学们喜欢下雨天吗？在茫茫的雨中，你们有没有和别人共同打过一把伞？发生过什么事情吗？为什么会这样呢？

设计意图：选择学生自己亲身经历过的事情，让学生自然而然地进入学习状态，融入课文当中。

是啊，正是这些动人的情景让这些伞变得如此美丽，伞下的故事则更加温馨。今天我们就来学习第19课《倾斜的伞》，共同去感受这把伞下发生的动人故事。

（二）自由读文，整体感知

（1）检查词语掌握情况。

喜欢　每逢　胳膊　墨绿

衣服　湿透　颤抖　微微

（2）教师配乐范读课文，学生认真听后与同桌交流：课文主要写了谁和谁之间的什么事？前半部分课文写了一个什么场景？表现的是谁对谁的爱？后半部分课文写了一个什么场景？表现的又是谁对谁的爱？（指名班内交流）

设计意图：教师的范读很重要，配乐朗读是为了把学生带入朗读中，贯彻新课程标准提出的"在语文课堂中要重视培养学生认真倾听的习惯，培养学生的概括能力，把握课文的主要内容"的要求。

（三）细读研磨，朗读感悟

1. 个性朗读

（1）师：同学们用自己喜欢的方式读课文，看看发现了哪些令你感动的画面，找找文中哪些词句能表达出外公与"我"之间深深的关爱之情，读一读相应的段落，用圈圈点点作上记号。

（2）交流并随机出示课件。

① 我就一蹦一跳地跑向外公，钻进伞下，挽住外公的胳膊，一同走进雨的世界。

② 外公拿起一块干毛巾，一边擦衣服，一边问我："丹丹，你淋湿了吗？""没有哇！你那把大伞把我整个儿都包住了呢！"我说。外公听了，开心地笑了起来。

③ 回到家里，我接过外公递过来的毛巾，看见外公嘴角微微一颤，已开始浑浊的双眼泪光点点。

④ 那是把倾斜的伞，是把充满了温情的伞，我永远珍惜它，爱护它。

设计意图：让学生用自己喜欢的方式朗读及品读，从而获得更敏锐的语言感受能力，牢牢把握语言本位，进而学得更主动，知识掌握得更扎实。

2. 研磨感悟

（1）学习第一、二自然段。

师：请你默读第一、二自然段，看看你读懂了什么。

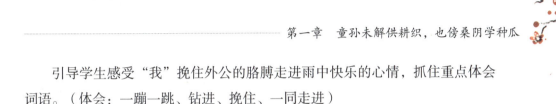

引导学生感受"我"挽住外公的胳膊走进雨中快乐的心情，抓住重点体会词语。（体会：一蹦一跳、钻进、挽住、一同走进）

引导学生体会出外公爱"我"的情感。（体会：每逢）

★边找边指导学生朗读，读出"我"快乐的心情，读出外公对"我"的爱。（师生评价）

设计意图：让学生默读前两个自然段，体会外公对"我"的爱，以及"我"的快乐心情，意在为后面更深一步地体会外公对"我"的爱作铺垫。

（2）指名朗读第三自然段，找一找"我"发现了什么。

引导学生体会"外公头顶上本来应该墨绿色的天空变了，一半是墨绿色，一半却是灰蒙蒙的"这句话的含义为什么会是这样。

找出描写外公表情的词语（体会"笑眯眯""笑而不语"的含义），你能感受到什么？

指导学生朗读，引导学生从读中去感受外公对"我"的深深爱意。

设计意图：激发学生探索求知的欲望，让他们从发现中去感受外公对"我"的深深爱意，再从读的练习中去加深体会。

（3）指导分角色朗读第四自然段，从"我"和外公的对话中，你感受到了什么？

引导学生体会"我"与外公之间的互相关心，外公为什么开心地笑了。

★指导朗读，读出"我"对外公的关心，以及外公的开心。

设计意图：用分角色朗读的方式让学生体验祖孙之间那种互相关爱的情感。

（4）（多媒体课件出示）教师过渡：就这样，每次我们从雨中回来，外公的身子总是一半干一半湿的。不知过了多少年，撑伞的人已不是外公，而是我。仍然是那片雨的世界。仍然是我和外公，仍然是那把墨绿色的大伞，一切和以前一样。

学生齐读第六自然段。

提问：看看这一段有什么特点？

理解"仍然"。作者连用了三个"仍然"，说明人还是从前的人，物还是从前的物，只是人物的角色发生了变化（适当点拨排比句式）。这样写多好啊！现在让我们来学习作者的这种写法，进行一个小练习。

出示课件：

许多年过去了，家乡的景色仍然（　　），仍然（　　），仍然（　　）。

（5）生活中的事物没有发生太大的变化，但是人发生了变化。默读第七、八自然段，边读边想：外公发现了什么？

引导体会："我抬起头，发现我头顶上的天空一半是墨绿色的，一半是灰蒙蒙的。"这句话的含义是什么，为什么会这样？是谁教我这样做的？

师："滴水之恩，当涌泉相报。"长大了的"我"懂得了当年外公的伞为什么总是歪的，知道用自己这颗感恩的心去感谢外公，此时此刻，外公心里会想些什么？

★再读第七、八自然段，指导学生带着内心最真挚的感情去读。

设计意图：还是用探索发现来激发学生的兴趣，让学生去发现多年以后的"我"已经深受外公的熏陶，学会了关爱自己身边的人。

（四）能说会道，启迪思维

师：同学们，也许这把"倾斜的伞"就在你的身边，你却对它视而不见。如果我们每个人能像作者那样做生活的有心人，留意观察生活，用心感悟生活，那么我们就能从平凡中悟出真谛，从点点滴滴中感受亲情。

在我们日常生活中，一句问候，一个眼神，一个小小的举动……往往能给人带来温暖和快乐，你有过这样的体验吗？请你说一说。

设计意图：让学生说说身边令人感动的事情，该练习既能培养学生表达的丰富性，又可把本课情感目标进行内化，使关爱他人的种子在学生心中慢慢地扎下根。

结束语：亲情是无私的，不求回报的，但我们要学会感恩，懂得回报，这样我们的小家将变得更温暖，我们祖国这个大家庭将变得更加和谐！世界将充满爱！

（五）布置作业

（1）背诵自己喜欢的自然段。

（2）给关爱你的长辈写几句感谢的话。

板书设计：

19　倾斜的伞

外公　我　　我　外公

爱　　　　爱

纯真的亲情

第二章

问渠那得清如许？为有源头活水来

教学是不断爬坡的过程，要勇于打破目前的安逸，寻找前进的动力；需勤于读书，优化专业素养内功；要善于引导学生阅读，在绘本与经典阅读中提升语文素养。让"书香校园"花开不败、馨香横溢，让学生们在浓浓书香中成为彬彬有礼的小君子，是我个人，也是每一位语文教师的心愿。

挑战自我，勤于读书

    2002年，我调至翁源县龙仙第四小学任教。出乎意料的是，我上了两个星期的数学后，又因同事病休重新回归语文教学中。在此后的日子里，我不遗余力地发挥己能，挑战极限，不断完成对自我的超越。自2003年参加了市优秀课评比获一等奖后，外出学习机会随之增多，我便在其中实现了教育教学方法理念的转化与提升。频繁的学习使我开始迷恋、关注授课教师"自我"的巨大吸引力，这是来自教师根深蒂固的气质修为与人格魅力，是"腹有诗书气自华"的底气和"传道授业"的专业修养与思想情怀。教书育人目标的实现，没有教师发自内心而又敏锐灵动的教育智慧则无从达成，没有教师渊博广袤的知识储备和人文视野亦无从谈起。

广西省吴夏梅名师工作室送教下乡活动

　　基于此，我做了两件事：一是趁着2004年韶关启用S版语文教材的契机，主动向领导请示从一年级语文教起，以便更好地熟悉、梳理教材。二是勤于读书，优化专业素养内功。梁实秋说："读书不恨其晚，即使晚了，也比不读强。"阅读是语文教师的源头活水，广泛、有效的阅读才能构建起语文教师趋于完整的知识体系。书不是读得越多越好，而是越精越好，精读就是多读长销书，少读畅销书。长销书就是经典，通览古今中外典籍，"聪明人得下笨功夫"。此后几年，我坚持每天完成一个小时以上的有效阅读，并写好读书笔记。要求学生读的文章、名著等，皆自己细细阅读后才推荐给学生。读书这剂心灵的鸡汤，不断地滋养着曾经"先天不足、疲倦气虚"的我。久而久之，我课上得越来越自信，应对各种活动、竞赛也越来越游刃有余。阅读与修养是语文教学与科研的源头活水，借此可引领自己和学生的涓涓细流驶向广阔的海洋。纵是万事开头难，只要上路就不怕道远，不懈追求总会有乘风破浪、直挂云帆的时刻。

与经典共成长，和圣贤"手拉手"

　　《语文课程标准》强调，要使学生"认识中华文化的丰厚博大，吸收民族文化智慧"。诵读经典诗文可以在孩子幼小的心灵中不断产生潜移默化的作用，可逐渐培养孩子仁义敦厚和高尚的人格品德，开启孩子的创新思维，从而奠定孩子一生中具有高远的智慧和优秀的人格与秉性的基础，让我们的下一代更文雅，更具文化气质，在潜移默化中达到修身的目的。

　　现在，大多数孩子为独生子女，孩子们日常生活中喜欢看电视、上网，受电视、网络中低级快餐文化的污染比较严重。对国学的重视程度不够，中国传统道德教育中的"仁""孝""信"等传统价值观被日渐疏离。作为教育者的我们可以感受到当代学生的思想道德素质有待提高，越来越多的孩子普遍存在缺乏爱心、不敬长辈、蛮横自私、合作与分享能力差等问题。教育学研究表明，小学阶段是培养孩子文化素养和高尚人格的关键时期。在这个时期，借由先哲的风范，熏习我们的子弟，引用圣贤的智慧，教导禀性淳良的儿童，那么，少成若天性，习惯成自然，必将奠定他一生为人处世的基础。

　　读师范时，教师告诫我们：教育的成功与否，并不在于培养多少高科技人才，而是在于培养多少有良知之人。是呀！一个人连最起码的道德、良知都不具备，可想而知，无论他多有才，也只是一个自私自利的人，不能很好地为社会作贡献。"吴老师，我家文龙自从读了《三字经》《弟子规》后，变得越来越懂事了。"听了这位家长的话，我微微一笑，心里乐开了花。自从坚持每周朗诵经典以来，学生平时会不自觉地用圣人的思想来规范自己的言行，使自我修养慢慢向圣贤的品行靠拢。

一、诵读主要内容

必读：《三字经》《弟子规》《论语》；选读：《小学生必背古诗词75首》《古代诗词名句赏析》《古代经典散文名句赏析》《千字文》《孝经》《增广贤文》《大学》《中庸》《诗经》《老子》《孟子》等。在实施过程中，我视学生学习程度的不同，作出适当调整，教学循序渐进，以达到诵读研究的目的。必读内容由教师选编，学校印发；选读内容采用学生采集、交流的方式。根据学生的年龄特点，精心将《三字经》《弟子规》《论语》中有关修身养性的名句挑选出来，编写成以章句为主的形式，再配以具有代表性的图片、小故事，力求做到图文并茂，把枯燥单调的教诲变得简洁、美观、生动。还注重在诵读教材中设计具有可操作性与实效性的"我的采集本"专栏，为学生提供摘抄、交流的平台。我们希望该教材不仅成为经典诵读的绝佳读本，还能因设计精美而成为学生爱不释手的心头好，继而与经典诵读产生更深程度的牵绊。

二、诵读的形式

采取学生集体背与单独背、必背篇目与自选篇目背诵相结合的方式，通过适时举行"班级诵读""经典诗文知识竞答""诗词配画""师生对诗"等比赛，或开辟"我的采集本专栏"、评比"诵读之星""文明之星"等大、小型丰富多样的活动，以此激发和保持学生诵读积极性，在方寸之间，使学生在耳濡目染下规范自我言行修养。

三、经典诵读助力学生语文素养提升

1. 诵读经典有助于学生提高阅读能力

学生一遍遍地诵读经典，循环往复之下是一个不断感知的过程。"书读百遍，其义自见。"在反复诵读中，学生朗诵能力逐步提高，良好的语感得以形成，对语言的感知和理解能力大为提升，对经典的体悟也层层深入。学生诵读经典，不但滋养了文学修为，而且开阔了视野，对博大精深的传统文化的日益渴求，使他们的知识面不断得到扩展。常言道："读书破万卷，下笔如有神。""厚积方能薄发。"诵读经典的过程，大量的妙词佳句、人文素材使学生有了丰富的累积，语言"材料库"在诵读中不断完善，因而在写作上能"厚积薄发"，自由遣词造句，轻松精练表达，做到"下笔如有神"。

2. 诵读经典能够提高学生的记忆力

儿童经典诵读就是抓住儿童记忆力最好的年龄阶段，通过诵读古今中外最经典的篇章，使少年儿童受到文化熏陶，智能得到锻炼，人格得到全面发展的过程。从"经典诵读"的教学方法上看，反复诵读可以提升儿童的专注力，反复而熟习，可以提升儿童的记忆力，而专注力和记忆力是一切学习的基础。学生很爱背诗文，他们有时会边玩边背，在路上走时背，甚至吃饭、睡觉前都在背，而且还背得颇有韵味。作为教师的我常感到惊讶，一些较有深度的诗文，学生们背起来却如此轻松。可见，少年时期处于记忆力、专注力和直觉力的发展期，再难背的东西对他们来说都毫无障碍。学生们聚在一起学习还易产生流行效应，他们的兴趣也由此得到进一步激发。这样，学生的记忆力得到了良好的训练，阅读能力也在寓教于乐的诵读中得到锻炼。

四、诵读经典成为学生一生高远见识、优秀品格的源头活水

1. 经典诵读让学生懂得感恩长辈

感恩是心灵对爱的折射，感恩是心灵对真、善、美的传播，百善孝为先，爱人须从爱亲开始。我班杨翠琳同学在周记中写道："爸爸妈妈在东莞打工，平时都是奶奶照顾我，奶奶每天接送我，帮我洗衣服，把好吃的东西留给我吃。以前我认为这是奶奶应该做的。诵读了《三字经》中'香九龄，能温席。孝于亲，所当执'、《弟子规》中的'冬则温，夏则清'和听老师讲了黄香温席的故事之后我很惭愧，寸草春晖，少年儿童应尽己所能去报答长辈的养育之恩。过年前奶奶病了，脸色苍白，浑身无力，只能躺在床上。我用小手轻轻摸了一下奶奶的脸，奶奶露出了甜甜的微笑。吃饭时，我把饭送到奶奶床前，给奶奶夹了她最喜欢的菜，一口一口地喂给她吃，奶奶很感动。我笑着对奶奶说：'我生病的时候你也是这么喂我的。'奶奶很是欣慰，把饭全都吃了。吃完饭，我看奶奶一个人躺在床上很无聊，就给她讲好听的故事，还帮她捶背、捏

脚呢！"

儿童最善于模仿学习，久读经典，最易受到熏陶，他们会以古人为榜样，学习古代圣贤的品质，更加自觉地规范自己的行为，学会感亲爱人。我班很多家长都反映自己的孩子改变了，当父母辛苦劳累的时候，他们会给大人捶背揉肩，吃饭的时候会主动帮家人盛饭、夹菜，给长辈倒茶，做力所能及的家务等。

2. 经典诵读让学生养成良好的习惯

"养成教育"是培养学生良好行为习惯的教育。习惯是养成教育的结果，它往往起源于看似不经意的小事，却蕴含了足以改变人类命运的巨大能量。好习惯常常让人受益终生，坏习惯往往使人深陷泥潭。一个人如果从小养成了良好的行为习惯，那么他将受用终生。现代心理学研究表明：学生时代是记忆的黄金阶段。学生的心灵，就像春天的泥土，播什么种，就发什么芽。故而，把中华经典诗文渗透到学生学习实践之中，不仅可以丰富学生知识，而且在理解圣贤经典内容的过程中，学生的性情在潜移默化中得到陶冶，养成良好的行为习惯，树立正确的人生目标。

读了"冠必正，纽必结，袜与履，俱紧切"，学生们懂得了注意仪表；"衣贵洁，不贵华"等教育孩子们从小树立正确的审美观，养成节俭的习惯；如今孩子挑食、偏食者多，诵读"对饮食，勿拣择"时，及时进行教育，引导孩子认识到挑食、偏食的危害，纠正这一不良习惯；"己所不欲，勿施于人"使他们懂得做人应多替别人着想；吟诵"忽以善小而不为，忽以恶小而为之"，说脏话、粗话的孩子少了，校园里乱扔垃圾的现象少了，取而代之的是主动捡起垃圾、主动帮助同学的人多了；"虽有急，卷束齐"……学生的言行越来越规范，修养越来越向君子靠齐。

对于小学生来说，良好的学习习惯是至关重要的。中华传统经典宝库中不乏积极进取、有所作为的经典案例，皆是对学生极佳的引导。囊萤映雪、悬梁刺股教人勤学；"惟德学，惟才艺，不如人，当自励"勉励自我；"莫等闲，白了少年头，空悲切""明日复明日，明日何其多"让人学会珍惜光阴，激情向学；"列典籍，有定处，读看毕，还原处"教会学生做好分类整理；"温故知新"令人重视复习；《弟子规》"读书法，有三到，心眼口，信皆要。方读此，勿慕彼，此未终，彼勿起。宽为限，紧用功，工夫到，滞塞通。心有疑，随札记，就人问，求确义"更是成为大家耳熟能详并奉为至宝的读书之法。

3. 经典诵读让学生变得坚强乐观

人们形容现在的孩子生活在"蜜糖罐"里，一点点困难都能把他们打垮，脆弱、喜欢抱怨是很多孩子的通病。那么，经典诵读活动的开展有没有使学生就此发生转变呢？为检查经典诵读的活动效果，我班曾召开《与经典共成长，和圣贤"手拉手"》主题班会，同学们的发言验证了经典诵读的无穷魅力。刘思茜同学说："上星期天，妈妈买回来一本奥数题，让我自学自做。我立即产生了兴趣，开始研究一道道题。这道题好难，我草稿打了一张又一张，算了一遍又一遍，思考了一次又一次，做了大约一个小时，还没有结果。我火了，把题放在一边，玩去了。玩着玩着，我想起了'天将降大任于斯人也，必先苦其心志，劳其筋骨，饿其体肤，空乏其身'的教诲，凡事不能轻言放弃。于是，我又开始苦苦思索。最终，我成功解决了难题。"黄建红同学站起来激动地说："校运会参加800米长跑时，我也是想起这句话坚持跑了下来。"陈培刚同学谈道："经典诵读让我从易怒、哀、恶、惧怕、紧张的情绪中走了出来。以前我经常向同学发脾气，但现在这样的概率小了。我相信，只要坚持下去，我一定能做一个阳光向上的学生。"冯宝茹同学的发言赢得了同学们的掌声，她说："从三年级开始我一直脱头发，很多人说那么漂亮的小姑娘却是个秃子，我很伤心，很自卑。是《论语》让我明白不要抱怨生活给予的磨难，不必忧愁生命中的诸多不公。想想狂风暴雨之后会有的彩虹，想想蚕经历苦痛才破茧成蝶，你也能乐观地去面对磨难，以积极的心态去奏响生命的篇章。"

4. 经典诵读让学生诚实守信

诚实守信是中华民族的传统美德，是现代文明的重要基础，是《公民道德实施纲要》的基本内容之一。然而直到今天，与诚实相背离的言行并不少见，"言行不一""不守信用"及"表里不一"的行为是大家深恶痛绝而又常遇到的事情，我们的小学生也由此产生了"诚信危机（要不要诚实）"的困惑。中国社科院研究员何星亮认为，加强道德建设，一要借鉴中国传统中以人为中心的治国理念，二要继承和弘扬中华民族传统美德。

在未参加诵读经典活动时，班里时常有丢失东西的现象，学习了《弟子规》后，"用人物，须明求，倘不问，即为偷"的道理深入人心，班上"不问自取"的行为在不知不觉中消失了。"不忠不信，何以立于天地之间？"（译文：一个人如果不讲求忠义诚信，那么怎能在世上立足呢？）"诚其意者，勿自欺也。"（译文：追求心地诚实，问心无愧之人，是不会做出自欺欺人之事的。）"凡出言，信为先，诈与妄，奚可焉。"（译文：说话办事，诚信在先；欺骗与胡说，那怎么可以呢？）"海岳尚可倾，口诺终不移。"（译文：大海可以干枯，山岳可以倒塌，许下的诺言始终不可改变。）这些经典名句让学生们知道了诚实守信的重要性。许多学生在未完成家庭作业或犯错误时，为了逃避教师的批评，都有一些自我保护性的扯谎行为，如企图以"我把作业忘家里了。""我写了，没带来。"等借口蒙混过关；犯错误时，明知有错，却嘴硬坚持"不是我干的！""不是我拿的！""是他先骂我，我才打他的！"抱侥幸躲过教师的批评和处理的心理。诵读了经典后，在圣贤思想的感染下，诚实之花在学生们心中绽放，诸种失信现象逐渐减少。

5. 经典诵读让学生心地向善

诵读经典，聆听圣言，会让孩子从小有一颗仁慈的心。"人之初，性本善。"经典可以让孩子保持善良的本性，圣言可以让仁慈之心从小在孩子心底生根。"爱人者，人恒爱之；敬人者，人恒敬之。""老吾老，以及人之老；幼吾幼，以及人之幼。"一句句的至理名言浸润孩子的幼小心灵。我班陈晨蕊的妈妈有感："现在，孩子无论家里、家外都懂得善待别人、热心助人。有一次我和女儿去坝仔镇看亲戚，车上有个中年妇女带着两个小孩，牵着一个，抱着一个，位置小，不够坐，显得挺吃力。我女儿主动地把座位让给了那位妇女，令那位左牵右抱的妇女感动不已。我好奇她这与此前完全相反行为的突然转变，她很是自豪，提到《弟子规》中有言，'长者立，幼勿坐，长者坐，命乃坐'。是类似的名句使她明白了尊敬、礼让的道理。诵读经典加速了我女儿的成长，我将和女儿一起坚持下去，既提高自己，也寄希望于以此可以打开孩子的心灵之窗。"诵读经典，何乐而不为呢？

经典诵读与语文教学是密不可分的，它起到了春风化雨、润物无声的作用。那些诵读过的美好纯洁的句子让学生们真正做到了"进我耳，入我心"，时刻指导着他们的言行与思想，好似微笑着告诉学生们，怎样才可以成为一个真正高尚的人。

在研究过程中，教师需要不断地学习充实自己，使自我古诗文素养得到有效的发展，以帮助教育理念进一步提升。进行经典古诗文诵读的研究，不是追求一种时尚，而是在教育者心中根植一种理念；不是追求一种形式，而是在教学活动中实施一种策略；不是一种功利行为，而是一种为学生终身发展的规划。

绘本阅读：《爷爷一定有办法》教学设计

【作品解读】

这是一本表现爱和创造力的绘本。约瑟一家，小老鼠一家，整个小镇，在这块蓝色布料所代表的爱的映衬下，让人感到温暖而舒适。约瑟出生时一家人的拥抱、父母对视时的微笑、爷爷奶奶在平凡日子里的拥抱、烛光等，给人无限的温暖。"爷爷一定有办法"，这是约瑟对爷爷的信任。一个孩子，无论遇到什么样的情景，如果他能脱口而出"爷爷一定有办法"，这无疑凝聚了深深的爱。毯子成为一个象征，爱就这样通过毯子传递了下来。整个小镇的生活也充满了爱。屋顶上最朴实的瓦片和路上最经磨的石头，它们是这个故事的环境，许多年以来不声不响地保护了这份质朴的爱，要不，这样的奇妙故事就不会在这儿出现了。这本书，通篇表现的是爱和创造力，平凡中的爱，神奇地创造着美。

【教学目标】

（1）让学生感受绘本精美传神的图画和富有节奏感的文字，培养学生仔细观察的能力，通过看图猜故事和对话练习，培养学生想象、审美、表达能力。

（2）学生感受平凡中的爱、创造力的神奇之美，建立积极向上的人生观。

（3）学生能根据画面大胆地推测故事发生的情节，并能清楚地表达出自己的想法。

（4）发现图画的秘密，体验读绘本的乐趣，激发学生想象力和创造力，进行故事创编，学习以小见大的写作方法。

【教学准备】

小老鼠一家的图片和课件。

【教学过程】

（一）介绍绘本，启发阅读兴趣

（1）今天老师给同学们带来一本绘本——《爷爷一定有办法》。

（2）观察封面：长着花白胡子的老爷爷，非常慈祥地笑着。他手里揽着的这个孩子呢，就是他最可爱的小孙子小约瑟。从题目中你猜猜这是一位怎样的爷爷？

（3）（展示扉页）观察上面有些什么？（带星星的蓝色图案）

这是一块蓝色的布料。故事啊，就从这里开始了——

（二）赏故事、猜故事，感受阅读乐趣

1. 奇妙的毯子

（1）当约瑟还是娃娃的时候，爷爷为他缝了一条奇妙的毯子。观察：你们看，小约瑟盖上这条毯子，睡得多甜哪。毯子又保暖又舒适，还能把噩梦通通赶跑。小约瑟每晚都伴着甜美的梦入睡。这真是一条奇妙的毯子。爸爸妈妈、爷爷奶奶都非常喜欢约瑟。瞧瞧，他们看约瑟的神情。这是怎样的一家子？（温馨、相亲相爱）

（2）不过，约瑟渐渐长大了，奇妙的毯子也变得老旧了。

2. 毯子——外套

（1）有一天，妈妈对约瑟说："约瑟，看看你的毯子，又破又旧，好难看，真该把它丢了。"约瑟愿意丢掉毯子吗？你是怎么看出来的？约瑟会说些什么？

（2）约瑟说："爷爷一定有办法。"他拿着毯子跑到爷爷家（约瑟家是两层楼，他和爸爸妈妈住楼上，爷爷奶奶住楼下。爷爷是裁缝，爸爸是鞋匠）。爷爷一看，噢！这毯子确实很旧了，爷爷拿起了毯子，翻过来，又翻过去。

"嗯……"爷爷拿起剪刀开始喀吱喀吱地剪，再用针飞快地缝进、缝出、缝进、缝出。爷爷说："这块料子还够做……"够做什么？我们来猜一猜。

（3）那爷爷究竟做了什么呢？让我们睁大眼睛来看——"一件奇妙的外套。看，秋天来了，这外套改得正是时候呢！约瑟穿上这件奇妙的外套，开心地跑出去玩了。"瞧，约瑟在和他的好朋友打招呼呢！好朋友看见约瑟穿上这件奇妙的外套会说什么呢？小约瑟听到赞美，心里会想到谁？

（4）不过，约瑟渐渐长大了，奇妙的外套也变得老旧了。

3. 外套——背心

（1）一天，妈妈对他说："约瑟，看看你的外套，缩水了，变小了，一点儿也不合身，真该把它丢了！"而且他的小伙伴也觉得外套太小了，可是约瑟愿意丢掉旧外套吗？约瑟会说什么？（齐读：爷爷一定有办法。）

（2）约瑟跟我们一样对爷爷充满信心。于是拿着这件老旧的外套跑到了爷爷家。爷爷正忙着给客人量身做衣服呢！看到约瑟来了，爷爷会怎么做呢？

（3）让我们一起随着爷爷的剪子有节奏地来读读——（齐读：爷爷拿起了外套，翻过来，又翻过去。"嗯……"爷爷拿起剪刀喀吱喀吱地剪，再用针飞快地缝进、缝出、缝进、缝出。）读起来感觉怎么样？（是啊，用心读一读会发现，很多绘本的文字是像音乐一样有节奏的）

（4）爷爷说："这块料子还够做……"猜猜看还够做什么呢？一起来看—— 一件奇妙的背心！

（5）第二天，约瑟穿着这件奇妙的背心去上学，看，当他推开教室门的时候，小伙伴和老师多么惊讶啊！

（6）约瑟进教室时背对着我们，你能不能想象出他脸上的样子呢？他可能会怎么说？谁来表演一下？

（7）约瑟好得意哟！老师、同学们都很羡慕他，因为有爷爷为他做出这么奇妙的背心。不过，约瑟渐渐——（长大），奇妙的背心也变得——（老旧了）。

4. 背心—领带—手帕—纽扣

（1）时间一天天流逝，约瑟也在一天天长大，爷爷还会给他的童年创造什么神奇呢？让我们随着故事中精美的画面来静静地感受吧！

（2）（配乐出示故事画面）背心—领带—手帕—纽扣。

（3）故事没有声音，可是用心读，就能听到时间在滴答滴答走动呢！刚才哪个画面给你留下了深刻的印象呢？（重点画面：烛光晚餐、捡石子、照镜子）

（4）从这些画面我们可以感受到约瑟的童年过得怎么样？（幸福快乐）

因为图画也是会说话的，所以我们在读图画书的时候不仅要看文字，千万不能错过这些精美的图画。

（5）约瑟的这些幸福和快乐都离不开谁呀？（爷爷）如果你是约瑟，你想对爷爷说什么？

（6）小结：是啊，爷爷用灵巧的双手为心爱的小孙子缝制一件件装满爱的衣物，这些温暖的衣物陪伴着约瑟度过了快乐的童年时光。时间在流逝，这些东西也慢慢地老旧，但爷爷的爱始终陪伴在小约瑟左右。

5. 故事高潮：纽扣丢失

（1）故事发展到这里，我们来猜猜看，这颗纽扣的命运后来怎样了？

（2）是不是像我们猜想的这样呢？一起来看看！

出示画面（读故事）：

有一天，约瑟和妈妈一起去打水，妈妈忽然对他说："约瑟，你的纽扣呢？"约瑟一看，纽扣不见了，这根背带弹了起来。约瑟、小伙伴和妈妈都大惊失色，约瑟找遍了所有的地方，楼上、楼下、庭院，就是找不到纽扣。

约瑟急急忙忙跑到爷爷家。约瑟嚷着："我的纽扣！我的奇妙的纽扣不见了！"妈妈也跟着跑来说："约瑟，听我说！"

怎么说的呢？指名读。

"那颗纽扣没有了，不在了，消失了，即使爷爷也没有办法无中生有啊！"爷爷也难过地摇摇头说："约瑟啊，你妈妈说得没错。"

（3）怎么办？纽扣不见了，约瑟的心情怎样呢？是啊，不只约瑟难过，一家人都很难过。看看大家的表情。

（4）有没有人安慰他呀？猜猜小妹妹会说什么？（哥哥你别伤心，我把我这玩具让给你玩儿。）

（5）有没有发现小妹妹的身后藏着什么，她手里拖着什么东西呀？有没有似曾相识的感觉？

（6）她看起来好像把这条毯子看得比娃娃还重要，藏在身后生怕哥哥发现，你猜猜这是为什么？（看来爷爷的爱还陪伴着小妹妹呢，多么温馨的一家啊）

6. 故事结尾：出人意料

（1）约瑟是不是就这样一直沮丧下去呢？（不是）

（2）来看看，第二天，约瑟去上学。嗯，回想起了爷爷、布料和自己之间的事情，约瑟拿起笔来，在纸上唰唰唰地写着。他说："这些材料还够……"

（3）纽扣已经没有啦，什么都没有了，还够什么呢？

想不出来很正常，老师第一次看的时候也想不出来，正是因为它的结局这样地出人意料，所以才成了著名的故事。想不想知道还够什么？

（4）这些材料还够——写成一个奇妙的故事。（示图）看！约瑟正津津有味地把这个故事念给一家人听呢，他们喜欢这个故事吗？从哪儿看出？

（5）想一想：约瑟写的这个故事题目叫什么呢？（板书题目）

（6）小结：这个故事的开头连着它的结尾，结尾连着它的开头，整个故事开头和结尾连起来就像一个完美的圆。是不是很奇妙啊？难怪有人评价它是"一本奇妙的书"呢！

（三）交流总结，感悟故事主题

1. 瞧，就是这本书

出示绘本：

这本书是加拿大画家、作家菲比·吉尔曼女士编写绘画的，由中国台湾地区宋珮老师翻译。感谢他们为我们带来了如此奇妙的书。好书呀，还要与人交流，交流会让我们理解得更深，得到更多的快乐。那就让我们好好交流吧！

2. 交流

爷爷把一块普普通通的布料都做成了些什么？（依次板书：毯子、外套、背心、领带、手帕、纽扣）真是奇妙！

3. 约瑟为什么舍不得丢掉那些老旧的衣物？

是啊，爷爷亲手缝制的一件件衣物记录着约瑟成长的岁月，陪伴着他童年的美好时光。约瑟越长越大，神奇的布料越变越少，但始终不变的是爷爷对约瑟的——（板书：爱）因为这里面密密地缝着爷爷对他的爱，虽然形式不一样。就像我们的家人，我们的爸爸妈妈不像约瑟的爷爷一样是裁缝，会缝衣服，但是，他们给我们买衣服的时候，同样是花了好多好多心思，我们的衣服里同样有家人的一份爱、一份关心！你还能从哪里感受到家人对你的疼爱？

4. 你喜欢这位爷爷吗？为什么？

是呀，爷爷慈爱、勤劳、心灵手巧，无论遇到什么难题—爷爷一定有办法！

（四）细品探秘，进行故事创编

（1）有没有想过那粒纽扣到底到什么地方去了？想不想知道？猜一猜。

（2）（出示结尾图）看图画的这个角落里，这里还有一家子呢！老鼠一家在干什么？（发现纽扣）

结尾图

（3）观察小老鼠的头巾、小背心、背带裤，你还发现了什么？

（4）他们怎么会有这些蓝色的布料呢？我们来找找看。

（出示爷爷缝毯子图）你发现了什么？（原来这种犹太民居是木头搭建的房屋。屋子底下还有一小段空间，那是老鼠的家园）

爷爷缝毯子

（5）想象老鼠第一次看见布料时的情景。（同桌练习，表演）

（6）老鼠用这些布料做了什么呢？（翻书）其实啊，在书的每一页的下面都有一长条，画着老鼠一家的生活。一本书，两个故事，两个世界。这就是这本书更奇妙的地方。

（7）小老鼠一家会发生怎样有趣的故事呢？

（出示小老鼠一家的故事）

① 你发现了什么？（爷爷手中神奇的蓝色布料越来越少，老鼠家的布料却越来越多）

② 猜猜：是谁把小老鼠一家变得这么温馨的呢？

（8）小结：多么快乐的老鼠一家啊！神奇的蓝色布料不仅给约瑟的童年带来了快乐，还改变了老鼠一家的生活。把这个故事写下来，将是多么有趣啊！

你想给这个故事取个什么名字呢？这样的故事一定会更吸引人。期待你们回家后完成精彩作品。

（五）拓展延伸，深化学生情感

（示蓝色环衬页）这是一本表现爱和创造力的绘本。

这本《爷爷一定有办法》是老师非常喜欢的一本书，我读过很多遍，而且每一次读都会有很多新的发现、新的感觉。一本好书不是读一遍就能结束的，它可以在不同的时间读很多遍。比如说，你们今天听老师讲了，读中学、读大学的时候还可以再把它拿出来读一读，等你们成为爸爸妈妈了可以读一读，等你们成了爷爷奶奶的时候还可以读一读。老师相信，你们还会有很多新的发现、新的感受。比如，约瑟什么时候有了妹妹？约瑟一家在小镇上的生活怎样？相信，你每次看完都会有新的奇妙的发现。让我们一起快乐阅读，茁壮成长。

整本书阅读：《总有一天会长大》
导读课教学设计

【教学目标】

（1）了解《总有一天会长大》这本书的相关信息，激发学生阅读的兴趣。

（2）掌握阅读整本书的方法。

（3）形成初步的鉴赏能力和选择适合自己阅读的书的能力。

【教学重难点】

在教学活动中潜移默化地进行阅读整本书的方法的指导和培养；培养学生的语言表达能力，形成初步的鉴赏能力。

【教学准备】

（1）《总有一天会长大》35本、翁源县实验小学宣传片《读书的孩子最可爱》。

（2）课前准备：师生互动，欣赏《读书的孩子最可爱》宣传片。

【教学过程】

（一）谈长大

（1）师：同学们，在上课之前老师告诉你们一个小秘密，你们看现在老师又高又胖，小时候的我可是又矮又瘦，还特别爱感冒，有很多小毛病，父母经常带着我往医院跑。于是小时候的我特别渴望能快点儿长大。（出示：长大）吴老师想问问你们，你们渴望长大吗？为什么？

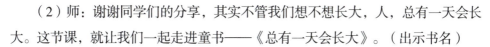

（2）师：谢谢同学们的分享，其实不管我们想不想长大，人，总有一天会长大。这节课，就让我们一起走进童书——《总有一天会长大》。（出示书名）

（二）看封面

（1）我们先来看一看这本书的封面，从封面上你能获取什么信息？

（2）学生交流，根据学生的反馈，教师整理并作简介。

（三）识作者

（1）师：写出这么好的一本书的作者一定非常了不起（出示作者和简介），让我们一起来认识认识他。

（2）学生自由默读，获取信息。（板书：识作者）

（3）你想用一个怎样的词语来形容作者呢？

（四）读序文

（1）师：我每次阅读整本书的时候，很喜欢读序文，因为序文或导读中常常讲到作者写书的纲领、目的。很多书都是由别人作的序，作序的人会讲到此书的特点，简单介绍此书的内容，或者说说自己的感受，也会指出阅读时需要注意的地方。读了序文或导读，就像找到了阅读全书的钥匙，可以在阅读中较好地理解，少走很多的弯路。《总有一天会长大》这本书的序文是由宋庆龄儿童发展中心亲子阅读专家赵小华所写，请同学们认真阅读。

（2）反馈阅读：①约根是个怎样的孩子？②约根的成长得到了谁的帮助？（学生回答）

（3）嗯，都是聪明的孩子，请同学们翻到目录页观察，猜猜哪一章写出了约根觉得自己长大了。同学们有没有发现第11章也写大岩石，是不是内容重复了呢？调皮的马丁在这一章还编了十分低级趣味的顺口溜来嘲笑他：约根，约根，骨瘦如柴，胆小如鼠，像个女孩。

同学们猜猜这一章发生了什么事？

（五）明方法

（1）事实是不是跟你们猜的一样呢？我看有的同学有点儿迫不及待了，别急。课前老师认真阅读了这本书，选取了几个片段与大家共享！请看大屏幕。

约根有两只又大又蓝的眼睛。他看上去老是闷闷不乐的，就是在高兴的时候也是这副样子。他的嘴巴有点儿歪，所以有人说，约根在笑的时候也像是在哭。对了，他还有两只大大的招风耳朵。"这两只耳朵很实用。风大的时候，你可以飞起来了。"有一次那个讨厌的马丁这样说。

约根的头发是棕色的，有点儿鬈；如果碰到下雨天的话，那么整个头上的毛发都鬈起来了。

①谁愿意读给大家听听？

②读了这段话，同学们的脑海里有画面吗？

③老师在阅读这一段文字的时候在旁边写了这样一句话：抓人物有代表性的特征写，人物的形象与性格特征展现在读者面前，真好！

（2）老师还摘录了一段写景的片段，老师觉得这段话写得很美，请同学们试着小声读一读，边读边想画面，定会收获更多。

外面的景色果然跟母亲说的一样：天是蓝蓝的，太阳是金灿灿的，树木也像被谁施了魔法变了样。树上长出了叶子；花高高地昂着头，迎着太阳绽放。外面一切都是美丽的。太阳一下子跳出了地面。天空在曙光的衬托下显得碧蓝，而且更显博大宽广。太阳通红通红的，像是要把天空点燃。

①画出优美词句：你觉得哪个词语或哪一句话写得很美？请你上来画一画。

②找出写"美"的秘诀。

③大声朗读。

师：作者用细腻的笔调和比喻的修辞把天空、太阳、树木写得富有灵气。如果我们去书中细细品味，像这样的句子还有很多。

过渡：除了写景色美，作者还将母爱写得充满生机与情意，作者是怎样写的呢？用心读这一片段，细细品味一下。

"一个人，不可能什么都懂。"约根的母亲有一天这样对他说，"每个人，他的一生要学的东西很多。如果一个人他七岁的时候什么都懂，这也并不是什么好事。"

"可是，别的孩子都会，而且什么都懂。"约根不高兴地回答说。

"哦，他们故意对你说一些他们懂而你却不懂的事，对你来说，这只是巧合。我完全相信，有好多你懂的事，他们却不知道。"

从对话描写中，我们感受到了妈妈就是这样如此细心地呵护着约根自卑敏感的小心灵。可以想象，如果在约根的成长中没有妈妈的细心呵护和接纳，约根成长的压力也许会更大，所以说任何人的成长都不是一个人能够完成的。

（3）师：同学们，一本好书就像一个大宝藏。同样的宝藏，有些人能找到很多宝贝，有些人却找不到，关键就在于他们"挖宝藏"的方法不一样。读课外书也一样，有好的阅读方法，能让我们在同样的时间内有更多的收获。你们知道有哪些好方法吗？（指名说）

请看大屏幕，在阅读过程中，老师希望你们能做到如下要求。

出示课件：

① 制订读书计划，坚持每天必读，每周至少读三章，三周之内读完。

② 养成"不动笔墨不读书"的好习惯。围绕使你深受感动的情节和语言特别优美的两个方面写出自己的批注和阅读感受。

③ 可以采用多种方式留下自己读书的痕迹（如配图、配诗、朗诵、做读书卡、写读后感等）。书中的文字会让你的思想得以升华，及时把自己思想的火花记录下来，这才算是真正的读书。希望在下次的读书交流会上，你们会有精彩的表现。

（六）总结

最后，让我们一起来读一读。毛泽东说："饭可以一日不吃，觉可以一日不睡，书不可以一日不读。"运用今天学的读书方法，赶快读一读这本书吧！

与汕头市潮阳区实验小学的学生们一起分享《总有一天会长大》

练习写生动的人物对话

【教学目标】

（1）体会在人物对话中，写出说话人的动作、神态、语气等，能让人物对话更生动。

（2）练习说、写人物对话，运用法宝美化习作。

【教学重难点】

发现并掌握把人物对话写生动的方法；写出说话人的动作、语气、表情等，让人物更生动。

【教学准备】

（1）小视频。

（2）课堂练习纸。

【教学过程】

（一）猜教师姓氏，引入课题

（1）孩子们：上课之前，老师出一个谜面看谁能猜出老师的姓："嘴巴长在天上面。"（吴）

（2）如果真有一个嘴巴长在天上的人，这个人是不是很能说呀？

说话是人与人之间的主要交流方式。在写人写事的文章中，对话描写能表现出人物的性格、思想。这节课，我们一起学习写生动的人物对话。

（3）齐读课题：练习写生动的人物对话。

（二）对比感受，引导发现

1. 朗读对话，感受人物特点

前段时间，我看了《大圣归来》这部电影。电影里有两个主要人物，一个是孙悟空，另一个是江流儿。我把他们的对话记下来了，咱们来读一读。（女孩读江流儿，男孩读孙悟空）

江流儿说："大圣，大圣，你的金箍棒呢？戏里说你给藏到耳朵里了，给我看看，给我看看！"

孙悟空说："你这小屁孩，叽叽喳喳跟了俺一路，俺老孙的脑仁儿都被你吵炸了！能不能让我安静会儿？"

江流儿说："好——"

孙悟空说："不许再提金箍棒的事儿！"

江流儿说："大圣，二郎神真的有三只眼睛吗？"

孙悟空说："啊，哇哇——"

江流儿说："好厉害！大圣，大圣，巨灵神是不是力气很大？"

孙悟空说："很大。"

江流儿说："四大天王是兄弟吗？"

孙悟空说："是姐妹。"

江流儿说："那哪吒是男孩儿吗？"

孙悟空说："女的。"

江流儿说："托塔天王有塔吗？"

孙悟空说："没有。"

江流儿说："那塔里有人吗？"

孙悟空说："哎呀，没有。"

2. 视频播放，感受人物特点

过渡：老师像孙悟空一样也会七十二变，你们信不信？瞧！我把他们也请到了现场！请大家认真观看视频，仔细观察人物的表情、动作，认真倾听人物的对话。

3. 前后对比，感受趣味

请同学们对比一下，是刚才读的对话有趣，还是电影有趣？（电影）

明明表达的内容一样，怎么就没有电影有趣呢？谁能告诉我原因呀？

预设：电影里面的人物说话有动作、语气、神态。

4. 小结

感谢同学们帮我找出了原因。否则，我写的对话就像一棵只有枝干的大树。（贴大树）

（三）出示文段，领悟方法

1. 回忆对话，知结构

过渡：我们知道，人物对话包括提示语和说的话两部分。老师从刚才孙悟空和江流儿的对话中，选了一句出来。请大家来看看。

出示课件：

孙悟空说："不许再提金箍棒的事儿！"

师：请同学们读读，找找，哪是提示语，哪是说的话。

（预设：提示语：孙悟空说。——告诉读的人，谁说的；说的话：不许再提金箍棒的事儿！——说话的内容）

2. 演读对话，明对比

请大家站起来读读孙悟空说的这三句话，可以根据提示语边演边读。

（1）孙悟空说："不许再提金箍棒的事儿！"

（2）孙悟空指着江流儿的脑门，厉声说："不许再提金箍棒的事儿！"

（3）孙悟空伸出食指，指着江流儿的脑门，满脸怒色，厉声说："不许再提金箍棒的事儿！"

这三个孙悟空，你更喜欢哪个？为什么？

3. 分析对话，悟方法

出示句子，分析：

孙悟空伸出食指，指着江流儿的脑门，满脸怒色，厉声说："不许再提金箍棒的事儿！"

4. 师小结、板书

原来我们的文字也可以跟电影一样有趣，描写人物对话时，只要你在提示语中写出说话人的动作、神态、语气，就会使文字鲜活起来，跟电影一样有画面感，富有趣味。这就是把人物对话写生动的法宝。（贴动作、神态、语气）

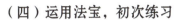

（四）运用法宝，初次练习

过渡：刚才同学们表演得很精彩。老师看了也忍不住想过一把演员瘾。请同学们仔细观察，认真听讲！

1. 对话情境表演

师表演：走向一位同学，弯下腰，伸出手跟学生相握，微笑着说："同学你好！很高兴认识你！"

2. 引导学生运用法宝层层递进地把人物提示语说生动

吴老师＿＿＿＿＿＿＿说："同学你好！很高兴认识你！"（一个法宝）

吴老师＿＿＿＿＿＿＿，＿＿＿＿＿＿＿说："同学你好！很高兴认识你！"（两个法宝）

吴老师＿＿＿＿＿＿，＿＿＿＿＿＿，＿＿＿＿＿＿说："同学你好！很高兴认识你！"（三个法宝）

3. 师小结

第三句运用了动作、神态、语气这三件法宝，刚才老师表演的画面就能重现在我们眼前了。

（五）运用法宝，美化习作

师过渡：这三件法宝不但可以让情境重现，还能美化我们的习作，让习作中的人物特点更鲜明。

出示习作：

我的虎妈猫爸

有一部电视剧叫《虎妈猫爸》，我觉得我也有一对"虎妈猫爸"。

有一次，我写作业离本子太近了，妈妈走过来说："坐直！"吓得我赶紧直起腰。过了一会儿，我又不由自主地趴下了，妈妈突然从后面冒出来，又狠狠地拍了我一巴掌，我马上坐直，再也不敢动一下。我知道是我不对，可是心里却有点儿委屈，妈妈下手也太狠了。过了一会儿，爸爸看出了我的心思，他说："看！我们小雨写的字多漂亮。妈妈也是为了你好，怕你变成近视眼、小驼背，是不是？"听了爸爸的话，我心里舒服多了，也理解了妈妈，又重新直了直身子。

这就是我的"虎妈猫爸"，他们给了我一个温暖的家。

（1）默读习作，找出人物对话的句子，用横线画出来。

（2）交流：

出示句子：

妈妈走过来说："坐直！"

爸爸看出了我的心思，他说："看！我们小雨写的字多漂亮。妈妈也是为了你好，怕你变成近视眼、小驼背，是不是？"

指读句子，并说说你感觉像虎妈、猫爸吗？

（3）运用三件法宝让人物特点更鲜明。

请同学们拿起课堂练习纸，运用三件法宝美化一下这篇习作中的对话吧！

妈妈_____，_____，_____（　　）："坐直！"

爸爸_____，_____，_____说："看！我们小雨写的字多漂亮。妈妈也是为了你好，怕你变成近视眼、小驼背，是不是？"

（4）以换"说"字为例，体会用词准确。

"说"字可以换成哪个表示说的意思的字，更能突出虎妈的性格？

（预设：吼、喊、叫）

有时候明明是说，却不用"说"字，让我们既听到了他们说话的内容，又看到了他们说话时的样子。这样，就能把人物对话写"生动"了。你们看，这就是我们汉语的博大精深和魅力所在呀！

（5）师小结：描写人物对话时，在提示语中，运用动作、神态、语气等描写，可以让人物对话更生动，如果我们还能注意根据人物的性格特点巧妙用词，人物形象就会更突出。

（六）课堂总结，熟记法宝

1. 读顺口溜，牢记法宝

师：动作、语气、神态这三件法宝就像仙女的魔法棒一样，轻轻一挥就能让写人、记事的文章变得绘声绘色、春色满园，读了使人感觉身临其境。让我们通过顺口溜，把法宝牢牢记在心中吧！

> 人物对话要生动，
>
> 突出动作很实用；
>
> 语气神态细腻写，

真实感人最贴切；

不同性格巧用词，

触手可及不费力。

2. 师总结

在写作中触手可及的法宝有很多，吴老师今天只是跟同学们分享了其中的一点，更多地需要你们在平时的阅读中去发现、去感悟、去归纳。希望这一节课，你们有所收获。

（七）布置作业

找出自己以前写的习作，运用今天获得的法宝进行修改。

板书设计：

练习写生动的人物对话

第三章

咬定青山不放松，立根原在破岩中

　　课堂是教师实现教育价值的主阵地。着眼于教材，提高文本解读能力，用好教材，方能在听说读写中，守语文之真；立足言语表达土壤，推行读写结合，才能最大限度地追求语文言语表达的更多可能。

巧用教材培养小学生的探究性阅读能力

语文是充满乐趣的学科，小学语文尤以为是，其生动的内容、鲜活的文字、精美的插图，为我们优化教学过程，提高学生的阅读能力提供了上佳的平台。阅读教学是语文教学的基本环节，其所占课时比重甚大。《语文课程标准》指出，阅读教学应"逐步培养学生探究性阅读和创造性阅读的能力"。所谓探究性阅读，就是在教师的指导下，学生通过研究探索的方式自主地阅读获取和运用知识的一种学习方式。苏霍姆林斯基说过："人的内心有一种根深蒂固的要求——总感到自己是发现者、研究者、探索者。在儿童的精神世界中，这种需求特别强烈，他期望自己获得成功，期望感觉到自己智慧的力量，体会到创造的快乐。"因此，在小学语文教学中，教师要灵活运用教材，为学生的主动探究创造条件，引导学生在自主探究的过程中培养创新意识，在解决问题的过程中培养实践能力、初步的学习能力和良好的科学素养。那么，在教学中如何合理用好教材，培养学生的探究性阅读能力呢？我认为可以从以下三点进行。

一、抓住课题创设问题情境，激发探究意识

"兴趣是创造一个欢乐和光明的教学环境的重要途径之一。儿童在学习中产生迫切的求知欲，使他们的创造能力得到发挥，要想方设法点燃其心中探求新知的火花，激发学生的学习兴趣。"在教学过程中，教师要精心创设各种教学情境，激发学生强烈的求知欲，为学生有效学习做好充分准备，使之自觉、主动地探索问题，获取新知。因此，要上好一节课，激趣引入课题，提高学生

学习热情，就似百米赛跑中的起步一样重要。探究性阅读从学生的"问"开始，是一种问题质疑式学习。探究的问题最初可由教师提出，然后逐步放手让学生自己发现问题与提出问题。教师应注意结合每一篇课文的题目和现实生活创设出一种开放性的、富有意义的问题情境，在有启发的条件下帮助学生提出问题。有了问题，也就容易激发学生的探究意识，使学生在积极情感的驱动下自主地、能动地阅读，实现语文再创造。

例如，在教学《孩子考科学家》一课时，先让学生自读课题质疑：孩子指谁？为什么要考科学家？孩子是怎样考科学家的，结果怎样？然后让学生带着自己的疑问自由读课文释疑。有了明确的目的，加上强烈的好奇心、好胜心，学生读起课文来津津有味，避免了像无头苍蝇一样漫无目的地到处乱撞。

二、渗入课后练习，提高探究能力

有位教师这样教授课文《七颗钻石》：先让学生读课文，然后分段、概括段意、归纳中心，在概括段意的过程中找出几个疑难词语让学生说说词语的意思，最后布置学生把课后思考题做在本子上，而后不理会学生的接受程度，直接把答案抄在黑板上。教学效果如何，可想而知。

有些教师认为阅读教学就是让学生读懂词语、理解句子、归纳段意中心，即完成了教学任务。学会理解、归纳并没有错，但阅读能力的教学不能仅限于此，我们还应该引导学生认真思考、主动探究，使学生的思维能力深入发展。新课程倡导"探究"的学习方式，其实质是让学生去尝试、去发现，从而掌握阅读方法、提高阅读能力。语文教材每一篇课文后面设计的思考练习题，与课文是一体的，教师在教学中要有机地、巧妙地将课后思考题渗入课文阅读教学中。

例如，《七颗钻石》这篇课文可以围绕思考练习题分四步展开教学：①试一试，学生围绕课后习题，通过默读思考，从课文中寻找答案。要求一边读一边想一边勾画，适时记录自己的疑问与思考。②找一找，学生读课文，画出描写小姑娘艰难地找一罐水的词语。③读一读，引导学生品味、揣摩重点词语（找哇、找哇、终于、小心翼翼、一滴一滴地、很久才），反复诵读重点句、重点段，领悟其中含义。④议一议，学习伙伴相互交流，集体讨论。如此一来，学生既理解了课文内容，又提高了探究性阅读能力。

三、在拓展延伸中，挖掘探究潜能

学生读完课文后，教师应根据课后的"学习链接""指南针"及带☆号的题目等，创设新的问题情境，让学生带着更有价值的思考走出课堂，进行"拓展式阅读"，通过进一步查找资料、调查、实验，或丰富多彩的综合实践活动，对为解决新问题而获取的信息进行取舍、加工、重组等，以充分释放学生的探究潜能。

在《能干的钟点工》一课的拓展阅读中，可布置学生查找机器人的有关资料，如机器人发明的背景、年代，机器人的类型、功能等，或自主进行机器人创造。学生深入其中，阅读有宽度，探究更有深度。

"小课题研究"是学生喜爱的拓展活动。在学完《我想》一课后，学生兴高采烈地选择环保方面的课题，组成小组查找资料，实地调查，完成了《治理污染情况调查报告》，并最终形成建议书。这样将阅读生活化、社会化的探究活动，既赋予了语文阅读更有深度的内涵，使之富有实践和趣味性，也让学生的语言和言语表达能力在操练中日趋成熟。

开展探究性阅读教学，要求教师充分信任学生，让学生拥有自主探究内化的时间和空间，使之在"一边读一边思"的良好阅读习惯中，不断强化探究性阅读训练。合理、巧妙地运用教材，培养学生的探究性阅读能力，这对学生阅读习惯的形成与保持，乃至学生的终生学习都将大有裨益。

提高文本解读能力的"五个点"

李嘉诚有言："鸡蛋，从外打破是食物，从内打破是生命。"人生亦如是，从外打破是压力，从内打破是成长。如果你等待别人从外打破你，那么你注定成为别人的食物；如果自己能从内打破，那么你会发现自己的成长相当于一种重生。

一、我与"文本解读"的不解之缘

"文本解读"一词，频繁出现在教育教学专著、期刊、论坛等，我虽然早有耳闻却不曾深入细致地去理解体会。正式与文本解读结缘是在2013年参加广东省小学语文骨干教师培训班时，当时一个培训班被分成8个小组安排到省名师工作室跟岗学习。我有幸被分到东莞市东城区花园小学阮美好省名师工作室跟岗。第一天与"文本解读"正式见面，接触不熟悉的陌生领域，难免生一股不安的抵触感，因而羡慕分到"阅读教学策略"工作室学习的同行。然当我静心聆听，走入"文本解读"的世界，越发被其魅力所吸引，15天的培训下来，甚感惊喜和幸运。回过头反思自己过往所上语文课，无异于"瞎搞"，对所教学生顿生羞愧歉意。经此一事，承蒙阮美好导师厚爱，在教学实践中给我莫大指导，"文本解读"始融入我的教学血液，此后生根发芽。2015年，我非常幸运地被遴选为广东省新一轮"百千万人才培养工程"小学名教师培养对象，先后到省内华师附小及杭州、上海、南京等各地名校跟岗学习，高强度的学习使我之后与"文本解读"越来越亲密：①基于教学实践的"文本解读"，助我用

更少的教学时间提升了学生的语文成绩及语文素养。②贯彻"文本解读"，让学生热爱语文，期待上语文课，师生之间共享纯真语文之旅。③研究"文本解读"，提升了我个人理论和实践水平，让我品尝成功的喜悦，做有专业尊严的幸福教师。

1. 什么是"文本"？

语文教学中的"文本"，广义上包括师生在教学过程中所接触到的所有口头的或书面的言语材料，狭义上则是指一篇篇的课文。

2. 什么是"解读"？

《辞海》《现代汉语词典》等均没有收录这一条目。新出版的《现代汉语规范词典》收录该词，称："通过分析来理解。"

结合各种文献、专家观点及个人实践，我的理解如下：

文本解读，是指教师通过对教材的认真阅读，进行细致、精确的分析，从而实现对教材意义准确、透辟的理解和把握。

解读又包含三个层次，依次为读懂、读透、超越。读懂，即保证教学内容的科学性，挖掘教材内容的内在价值；读透，即发现教学内容的知识结构，探索教学内容的设计思路；超越，即发现教学的独特意义和价值。

中国小语教学的新生代人物孙双金老师在谈到"文本解读"的重要性时曾提出："上好语文课，解读文本是第一步。"这确实是一句朴素的至理名言。作为山区一线小学语文教师，只要站在学生语文能力发展的角度关注文本，文本解读时心中装着学生，也可让山区的学生快乐学语文，更好地构建自己的言语系统。如何提高文本解读的能力呢？经过五年的实践，我认为应切实做到"唤醒、体验、积淀、交流、反思"这五点。

二、"唤醒"——提高文本解读能力的起点

1. 从"拿来主义"的梦中醒来

某些教师认为小学语文课文浅显易懂，且自己已反复教授过数遍，对教材烂熟于心，故而省去了文本解读环节。匆匆浏览课文，随手翻翻参考资料，拿着现成的教案、课件走进课堂，几乎成了大部分教师课前准备的三部曲。在这个信息飞速发展的时代，网络就像一个琳琅满目的超市，现成的教案、教学

设计、课堂实录、课件触手可得，众多教师已经沉睡在"教参"与"网络"的安逸梦中，亦步亦趋教课文。你这样教，我也这样教，他也这样教；今年这样教，明年这样教，后年依旧这样教。日复一日，年复一年，丝毫不考虑具体学情，没有着眼于学生的成长，最后往往教师教得心力交瘁，学生学得索然无味。更甚之，语文教师的言语生命就在年复一年的蹉跎中削弱甚至烟消云散。教师课前失去了对文本的潜心解读，再好的文章在教学中也只是文字的堆砌。久而久之，学生必将形成思维定式，对文本的掌握或仅限于几个生字新词的抄写、积累，或是几个多音字、形近字的辨析。如何让编者精心编选的美文真正焕发其文学魅力，如何让美文担当起发展语言、丰富语言的文化功能，如何让语文课堂重新找回语文味？

我们应该清醒地认识到，正确解读文本可以为更好地整合文本、创造性使用文本提供一定的依据。对文本进行认真的解读和使用，能使我们领会编者的意图，准确定位每一节课的教学目标，进而围绕教学目标进行科学的教学设计，展现出利于学生发展的灵动课堂、实效课堂，真正提高学生的语文素养；与此同时，解读文本的过程为教师教学技能的进一步提升奠定了基础，可极大促进教师的专业成长。

2. 清醒地知道"教什么"比"怎么教"重要

我们知道医生针对病情"开什么药"比"怎样吃药"重要这一道理，但很多教师在进行教学设计时总是花大量的时间和精力在"怎么教"上，考虑用什么教学手段，思考哪位名师的方法套用在这里可以出彩，殊不知，教师对课文的正确解读是"怎么教"的基础，而"怎么教"应当根据"教什么"来定。如果教学内容的选择有问题，那么教师的教学过程再精致、再精彩，课堂的气氛再热烈、再活跃，价值都极为有限。就像火车运行，如果方向错了，动力越足反而离目标越远。所以，我们要重视文本解读，发现文本的教学价值，确定适切的教学目标，选择适宜的教学内容，提高教学效率，让语文课散发出知识魅力的芬芳，让学生有实实在在的语文收获。

三、"体验"——提高文本解读能力的重点

英国作家斯迈尔斯说过："实用的知识只有通过亲身体验才能学到。"陆

游亦有"纸上得来终觉浅，绝知此事要躬行"之感。不登高山怎会有俯赏美景的机会？教师要想提高文本解读能力，不身体力行、亲身体验是行不通的。怎样进行有效的文本解读呢？首先跟大家分享一个故事。

苏联的伟大作家高尔基回忆，他10岁左右寄居外祖父家，有一天，他独自躲在一间堆放杂物的小屋的屋顶上，看法国作家福楼拜的小说《一颗纯朴的心》。作品的内容与高尔基当时周围人们的生活相似，他看得很入迷。但是，他突然生出一种奇特的感觉：这篇描写一个极为平凡的女仆的平淡生活的小说，为什么会对他产生如此之大的魅力，能把他紧紧吸引住呢？他觉得，这里面可能有某种魔法。于是，他打开一页书，对着太阳光细细查看，想找出隐藏在里面的秘密。年幼的高尔基当然什么秘密也没有找到，因为秘密在文本的故事里。

1. 解读文本背后的教育价值

叶圣陶先生说过，"教材无非是个例子"，依照这个例子，学生学有所得，能有所增。一篇文章，当它成为一篇教材，成为学生学习的一个凭借文本的时候，应该具有以下几个方面的价值：认知价值、情感价值、思想价值、思维价值、审美价值、语言开发价值、写作学习价值。这七个方面的价值在现在的小学语文课堂上真正体现得最多的应该是认知价值、情感价值、思想价值与语言开发价值，而其他几个方面的价值，需要教师在解读的时候用心挖掘。教材价值的多层次开发需要教师在解读文本时整体思考，深入挖掘文本价值意义。一个文本蕴含丰富的"可以教和能够学"的教学价值，我们不能面面俱到，什么都拿去教。实际上，开发合适的教学内容需要一个甄别、整合的提炼过程。

（1）合适的教学内容需要遵循的原则。

第一，依据课程定向，抓住言语特点。

第二，依据不同文本，关注表达特点。

第三，依据学情分析，找准学习起点。

（2）选择合适教学内容的步骤。

首先，要根据课标挖掘教材的教学价值，甄别出具有语文价值的教学内容。

其次，教材内容必须经过学情分析，经由教师"加工处理"或"教学化"处理后，才能转化为"可以教而且能够教"的贴近学情的教学内容。

最后，还必须综合考虑课程设计的年段目标，文体、文本的时代背景，以及班级学情等几个因素之间的相互联系，甄别取舍，精确地筛选出具有语用价值的教学内容。

2. 解读文本的语言特点

一篇优秀的文章，总有牵一发而动全身的"点"，如关键的词语或句子等。对语文教学来说，准确选择切入文本阅读的角度，是整体把握文本的关键。教师要在正确把握文本的基础上，从教材中寻找出一个切入点，精心设计，从解读关键字、关键词、关键句及解读文章的独特表达等方面入手，通过选点突破，达到"提领而顿，百毛皆顺"的教学效果。例如，在教学《地震中的父与子》一课时，就可以抓住"了不起"一词，引导学生去体会感悟文章中"父"的伟大，"子"的勇敢、无私。通过体会父子的"语言、动作及遇事的做法"感受他们的"了不起"，父子的高大形象便深深地印在学生脑子里。文本解读，一定要抓准教材的突破口，以更好地整体把握教材；如果不能抓住突破口，就不可能分析好教材，更不能从"整体"把握教材，抓住教材的"神韵"。

"要练惊人艺，须下苦功夫。"一篇课文在前，先不要急着看教参，搜网络，最好自己先阅读，从字词解释到文脉梳理，从篇章结构分析到主题中心把握，自己独立分析，自主得出结论，再翻看教参及网络相关资料，进行对比。长年累月坚持，自身的文本解读能力必然大有长进。

四、"积淀"——提高文本解读能力的要点（多读多写）

文本解读是教师在阅读文本的基础上，凭借个人的语文素养、鉴赏水准、知识能力、人文精神、逻辑思维来解释文本的精神活动。"师者，传道授业解惑也。"选择了教师这个职业，就决定了教师必须与书结缘，以书为友，走进书本，终生与书为伴。培根道："读书可以作为消遣，读书可以作为装饰，读书可以增长才干。"在当今浮躁的现实生活中，诱惑纷至沓来，令人蠢蠢欲动。唯有读书，可使烦躁的世人返璞归真，找回属于自己的平静生活。人的一生可以干很多蠢事，但最蠢的两件事就是：拒绝运动，忽视健康；拒绝读书，忽视灵魂！著名特级教师于永正老师讲过："有文化才有底蕴，有底蕴才有底气，有底气才能在课堂上有灵气。"我所在的翁源县之前大多数小学语文教师皆由中师毕业或民办转正，并非高等教育下中文专业科班出身，包括我自己在内也是先天不足，这是无法挽回的遗憾。然而更有甚者，安于现状，对教师职业充满倦怠，认为教小学不需要太高深的知识，自身所学已够应付教学，便渐渐远离了文学名著、教学理论，丢弃了对知识的汲取，丧失了思想和悟性。没有广博的知识，却煞有介事地输送浮而不实的观点理论给学生。试问，这样的教师怎能让学生领略到语文的真谛和魅力呢？教师要真正深刻地解读文本，没有深厚的人文素养是不可能做到的。因此，要提高自己的文本解读能力，就应当明白"先天不足后天可补"的道理；就应当在繁忙的工作中制订好适合自己的学习计划并坚持不懈挤出时间学习；就应当博览群书，了解更多教育专家、行家的观点，了解当前的教改动态，进行定向阅读。一个博学的教师，解读起文本来自然游刃有余。

1. 有关文本解读的著作

（1）《语文教师的文本解读》，阮美好主编。

（2）《小学语文文本解读》，闫学著。

2. 提升专业素养的著作

（1）木心《文学回忆录》。看外国文学，未必都理解得清，但看木心对作家作品的点评，往往透彻明白。木心用五年之期，遍析世界文学史，自称"文学的远征"。

（2）《做有专业尊严的教师》，窦桂梅著。读窦桂梅老师的文章很轻松、愉悦，其所坚持的"以人为本""用语文教人"理念，其散发的专业成长的正能量，可以唤醒我们的勤奋、自信、灵性，唤起我们对自身专业成长的热情。

（3）《叶圣陶教育文集》。语文教师必读之书。魅力无穷，值得反复仔细品读。解读作品表面看是"眼力"的高下，实际上是"腕力"的强弱。眼高不一定手高，但手高往往能带来眼高。语文教师不仅要读懂作品的内容，还要鉴赏作品的好坏，知其然还要知其所以然。自身写作素养不高，缺少写作经验，是很难看出作品的深奥的。解读一个文本，必须把握住此文本的独特性，没有实际的写作经验加持，也就看不到作品的妙处，解读只能是泛泛而谈。语文教师经常抱怨学生写作文空洞无内容，那教师自己呢？一言以蔽之，教师平时需广涉猎，善积累，勤笔耕，使气质才华自然横溢，方无愧教师本分。如此，文本解读于你而言又何难之有？

五、"交流"—— 提高文本解读能力的关键点

列夫·托尔斯泰曾说："与人交谈一次，往往比多年闭门劳作更能启发心智。思想必定是在与人交往中产生，而在孤独中进行加工和表达。"教师之间的交流不仅可以迅速弥补自己教学中的不足，还可以互相探讨经验，丰富自己的教学手段和方法，在教学中达到事半功倍的效果。山区教师走出去学习的机会有限，大山或可阻挡我们的视线，但无法阻挡我们交流的热情。文本解读交流的方式可谓五花八门，如与同事交流相互见解；进行同课异构；与其他学校同行交流学习；运用网络平台与专家，或教育比较发达地区的教师进行探讨等。"磨课"也是一种非常好的交流方式，大家充分发表自己的见解、观点，在争论、碰撞中产生创新的火花。概言之，教师要放低姿态、敞开心扉，创造与人交流的机会，善于以人之长补己之短，以己之长助人之需，以共同提高区域教师文本解读能力为己任，使语文教育之光惠及芸芸学子。

六、"反思"—— 提高文本解读能力的成长点

"学然后知不足，教然后知困。知不足，然后能自反也；知困，然后能自强也。"全国特级教师袁容从自己的教学实践和成功经验中总结出：教学成功=教学过程+反思。反思对于提高教师的教学水平来讲，具有投入少、见效快、收益高，且与教学实际紧密相连的特点。反思对教师成长具有极为重要的作用。

文本解读本来就不是一蹴而就的事情，更需要教师经常反思，反思解读过程中的成功和不足，总结经验教训，及时查漏补缺，调整思路。反思自己的解读有没有达到课程标准及单元目标的要求，反思自己的解读有没有着眼于学生的成长……坚持不懈地进行反思、总结，在文本解读这条路上的成长势必可期。

教科书中的每一篇课文都是一扇窗，等待着师生共同把它推开，走到窗前

欣赏春色无限。就让我们学会与"文本解读"结缘，在平时的教学中再多用一点儿心，再多动一点儿情，学会唤醒自我，积极参与体验，学会沉淀，乐于交流与反思。这时的你，一定会发现：在多姿多彩的语文教学中，"文本解读"的魅力是那样迷人，韵味无穷，让人久久沉醉！

探寻文秘妙　丰富我笔尖

——《珍珠鸟》第二课时教学设计

【设计理念】

《珍珠鸟》一文是根据作家冯骥才的散文改编而成，详细生动地记叙了珍珠鸟的活泼可爱，以及小鸟由害怕人、亲近人到信赖人的变化过程，揭示"信赖，就能创造出美好境界"的哲理。学生很容易读懂课文，难处在于如何让蕴藏着丰富写作资源的文章显示出它的价值。我拟采用感悟文之美，探寻读写结合的方式进行教学，以达到丰富学生笔尖的目的。

【教学目标】

（1）熟读课文，体会文中细腻、亲切的语言。

（2）发现《珍珠鸟》用词遣句美、动人哲理美等秘妙之处。

（3）结合实际运用，丰富学生的写作经验。

【教学重难点】

感受课文言语之美。

【教学过程】

（一）听读结合，感悟文之美

1. 播放名家朗读音频

（1）在上一节课的学习中，同学们已经把《珍珠鸟》这篇课文读得正确、流利，现在让我们来听听该怎样有感情地朗读课文。（播放音频）

（2）学生静听朗读。

2.读自己认为最美的自然段

（1）你觉得哪个自然段最美，请读一读，与大家分享。

（2）指名读文段。

（二）探寻文本，发现文秘妙

1.默读课文，自主探寻课文写作的秘妙

（1）请同学们默读课文，在你认为作者写得好的地方写上批注。

（2）学生默读写批注，教师巡视。

2.四人学习小组交流

略。

（三）读写结合，丰富我笔尖

同学们，老师在阅读这篇课文的过程中也写下了一些阅读体会，我出示体会，请同学们帮我找到与之相对应的文段。

秘妙一

（1）出示：一词独立成句，写出了作者对朋友所送鸟儿的喜爱之情。

（2）交流：真好！

（3）练习：_____！我的成绩达标了。

　　　　　　_____！我把玻璃窗打碎了。

（4）分享。

秘妙二

（1）出示：一句话用了两种称呼、两种语气，使作者对小珍珠鸟的喜爱之情泻出笔端。

（2）交流：哟，雏儿！正是这小家伙！

（3）练习：出差回来的妈妈亲昵地说："来！（　）妈妈抱抱我的（　）。"弟弟把你的作业撕烂了。你生气地说："滚开！（　）你这个（　）。"

（4）分享。

秘妙三

（1）出示：先局部后整体的外形描写，写出了珍珠鸟的可爱。

（2）交流：瞧，多么像它的父母：红嘴红脚，灰蓝色的毛，只是后背还没生出珍珠似的圆圆的白点；它好肥，整个身子好像一个蓬松的球儿。

（3）练习：

小猫图片

采用先局部后整体的外形描写方法，写出小猫的可爱。

_____

_____

_____

（4）分享。

秘妙四

（1）出示：一组排比句中，有一串动词和一个成语，写出了小鸟的活泼好动，调皮可爱。

（2）交流：起先，这小家伙只在笼子四周活动，随后就在屋里飞来飞去，一会儿落在柜顶上，一会儿神气十足地站在书架上，啄着书背上那些大文豪的名字；一会儿把灯绳撞得来回摇动，跟着跳到画框上去了。

（3）练习：根据下面语段中描写的情形，在横线处填写合适的描写鸭子动作的词语。

别看鸭子在陆地上走路摇摇摆摆，像跳迪斯科，可一旦_____入水中，那可真算得上是"水上健将"了。它们一会儿将头入_____水中，撅起屁股玩"倒立"；一会儿又直立起来，"扑棱棱"_____着翅膀，"嘎嘎嘎"地叫着，_____浪而起，那姿态真有点像"水上芭蕾"。

（4）分享。

（四）分享发现，深挖文资源

（1）师：同学们，在刚才的阅读中你们还有哪些发现想跟大家分享的呢？

（2）指名分享。

（3）师小结：这篇文章蕴藏的资源是非常丰富的，美词雅句、拟人笔法、状物描写、动人哲理等都能带给我们美的享受，给予我们启迪。"书读百遍，其义自见。"希望同学们课后再读读这篇课文，攫取更大的收获。

（五）拓展阅读，丰富生积累

1.关于"鸟"的诗句

（1）几处早莺争暖树，谁家新燕啄春泥。（唐·白居易《钱塘湖春行》）

（2）两个黄鹂鸣翠柳，一行白鹭上青天。（唐·杜甫《绝句》）

（3）鸟向檐上飞，云从窗里出。（南梁·吴均《山中杂诗》）

（4）落霞与孤鹜齐飞，秋水共长天一色。（唐·王勃《滕王阁序》）

（5）百啭千声随意移，山花红紫树高低。始知锁向金笼听，不及林间自在啼。（宋·欧阳修《画眉鸟》）

2.阅读有关人与动物和谐相处的文章，发现作者的写作秘妙

略。

板书设计：

珍珠鸟

探丰	美词雅句
寻富	亲昵字词
文我	拟人笔法
秘笔	状物片段
妙尖	动人哲理

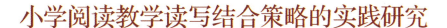

小学阅读教学读写结合策略的实践研究

随着统编版教材的推进，小学语文教学模式也经历了改革和创新，现阶段小学语文教学更加注重小学生综合素养和学习技能的培养，以此深化教学提升学生综合能力。如何提高小学生读写结合能力是目前语文教学重点关注的内容，因此，探讨小学阅读教学读写结合行之有效的策略具有积极意义。

一、小学阅读教学读写结合的重要性

随着新课程改革的贯彻实施，小学语文教学中的阅读和写作始终是语文教学的核心内容。小学阶段的学生处于语文学习的初期阶段，各方面均相对较为稚嫩，教师需要制订有效的教学方案，才能从根本上提高阅读教学读写结合的效率，因此，制订行之有效的读写教学方案极为重要。对小学生而言，通过在阅读教学中运用读写结合的教学策略，能够有效提升小学生的阅读水平，同时能够使其写作能力得到显著提升。对语文教师而言，有效的读写结合教学策略能够进一步完善教学内容，为教学提供便利。与此同时，有利于教师营造良好的课堂教学氛围，调动学生自主学习的积极性，通过创新读写结合的教学模式提升课堂效率，最终实现小学生阅读能力与写作能力共同提高。

二、小学阅读教学读写结合的几个误区

1. 读写分离

现阶段，许多学校和教师已经逐渐认识到读写结合对小学语文教学的重

要性，然而在实际开展教学过程中仍然存在不足之处。大部分教师在思想认知上，将阅读和写作定义为两种不同类型的教学课程，教学中两种课程处于分离的状态，在阅读教学过程中很少有教师会将写作内容渗透其中。许多教师的思想认知主要是受传统教学模式影响，在阅读教学中过于重视学生的朗读能力，给予学生过多的时间进行朗读和交流，没有给学生动笔写作的机会，将读写分离是导致小学生读写能力相对较弱的主要原因。

2. 重读轻写

除此之外，小学阅读教学中还存在另一个关键性影响因素，则是教师在教学过程中重读轻写。目前大部分的小学语文教材，对阅读和写作的单独课程相对较少，不仅将读写进行分离教学，还缺少针对性的教学指导。与此同时，教师没有充分认识到写作对学生思维锻炼的重要性，忽视了在阅读教学过程中进行读写结合。教师对写作教学的错误认知是阻碍学生读写能力发展的关键因素，部分教师认为学生在阅读方面有了良好的积累，便能够很好地运用到写作中，然而浅显的阅读无法在写作过程中发挥积极作用，这样的思想误区导致小学生写作能力难以得到有效提升。

三、小学阅读教学读写结合存在的问题分析

1. 忽略阅读课堂积累

在小学生写作过程中，不仅需要自身具备一定的语言思维能力，并且需要学生具备良好的知识储备量，然而知识的储备主要来自阅读中的积累。现阶段小学语文阅读教学过程中，教师忽视了阅读与写作的平行发展关系。例如，许多语文课本都要求学生熟练朗读或背诵，是为了使学生通过阅读的积累，将其转化为自身的知识，进而能够灵活地运用和举一反三。然而将阅读积累知识熟练运用的前提，需要学生对知识的理解扎实并且牢固，许多语文教师并没有清晰地认识到这一点，在进行阅读教学过程中学生往往停留在阅读的最浅显层面，对课文内容缺少深入理解和认知，教师没有为学生深入挖掘课文内涵，学生在阅读后仍然无法理解课文内涵。长此以往，小学生在阅读课堂中无法获取知识，更无法在写作中加以运用。

2. 放弃阅读课堂对话

阅读课堂应将学生放在主体地位，教师在教学中应是引导者和辅助者的地位，通过为学生创设良好的教学情境，引导学生积极进行对话练习，为学生读写结合奠定良好基础。口语表达能力是写作能力的基础前提，教师在写作教学前应对学生进行口语表达训练，通过培养学生具备良好的表达能力，进而为写作提供更多知识储备量。在许多小学阅读教学过程中，教师忽视了两者之间的内在关联，轻看对话练习的重要性，没有进行情景创设，因而无法为学生营造良好的课堂氛围，导致学生对课堂学习失去兴趣。

3. 疏于阅读课堂动笔

模仿能够为小学生语言学习提供便利，也能够为语言创造奠定基础。在开展阅读课堂教学过程中，教师可为学生选取优秀范文，指导学生根据范文内容进行仿写，掌握一定的写作轮廓，循序渐进地利用仿写带动变写，使小学生在进行自主写作时，脑海中有清晰的写作思路。然而在小学阅读教学过程中，教师没有认知到这一过程的逻辑性，忽视小学生从仿写到变写的心理发展特征，过于重视课堂教学阅读训练，没有选择充分利用课文这个较好的教学模板，导致现阶段小学语文阅读教学读写分裂，学生在课堂中缺少动笔练写的机会，写作能力没有得到有效锻炼。

4. 读写结合重点偏离

小学阅读教学中的读写结合教学逐渐得到了重视，现行语文教材中也逐渐加入了读写结合的练习。许多语文教师也开始意识到读写结合的重要性，在课堂教学中安排了读写结合的练习内容。然而在实际开展教学时，许多教师对读写结合的基本认知仍存在一定的误区，在教学过程中过于重视可操作性，将读写结合的具体教学方法简化，教学后急于看到教学成果，将一致性作为衡量标准，小学生在课堂中无法充分发挥想象力，个性化发展受到阻碍，创造能力难以提升。与此同时，在读写训练过程中，许多教师认为读写之间应相互对应，这样的写作方式导致所有学生的写作内容千篇一律，阅读仿佛变成了为写作提供知识，学生的写作过于机械化，缺少情感的抒发，失去了真正的意义。

四、小学阅读教学读写结合策略

1. 阅读课堂加强积累

阅读的过程同时也是积累的过程，小学生通过阅读能够积累更多的语言，提高认知高度，丰富自身的情感体验。当前大部分小学生写作能力较为薄弱的主要原因，是脑海中缺少知识的积累，写作缺少可用的素材，无法抒发自己内心真情实感。因此，教师在开展阅读教学过程中，不能仅仅是阅读课文，更应重视对课文的深入理解，运用多元化的教学方法将课文中的重点词汇、句子、段落等进行深层次探索，使学生在学习过后能够充分理解整篇课文，学习课文中的优点。例如，进行描写人物和叙事文章创作时，应注重梳理人物之间的关系及事件的发展逻辑；进行描绘风景的文章创作时，应充分运用写景手法及抒发情感。学生只有充分理解范文中的不同表达手法及课文结构，才能在写作过程中灵活运用。

2. 阅读课堂强化练说

具有良好的口语表达能力是写作的基础前提，其重要性不言而喻。随着阅读课堂中的知识积累，学生的口语练习也将进一步强化。在课堂教学过程中，应尽可能为学生提供更多的口语练习机会。例如，教师在讲解文章后可让学生进行读后感阐述，对文章中的人物关系及情感抒发，通过复述的形式表达自己的感想，将读与说充分融入阅读教学中，这样的教学模式不仅能够进一步深化学生对课文的理解，同时能够提升学生的知识积累，在写作过程中充分发挥自身想象力和创造力。练说训练开展前，教师应培养学生勇于发言的心理素质，使学生对练说充满兴趣，进而更加积极主动地表达。

3. 阅读课堂迁移写作

小学阶段的学生刚刚接触写作练习，写作思维方面尚未成熟，因此，从初期的构想与确定题目，到材料的选取和利用，再到作文整体结构和提纲及用词造句，到最后的作文改进和整合，这一系列的环节都需要教师的耐心指导，逐步帮助其进行修改和完善。是故，教师在开展阅读教学过程中，应立足于写作进行教学，引导学生将阅读课堂中积累的知识和词汇，以及人物、事物、风景的描写和情感体会运用于写作中，将知识转化为自身的写作能力。同时，写作联系的过程尽可能灵活，才能够使学生更加积极地参与。写作可以选择独立和合作两种形式，读写的先后顺序、长篇短篇也可自主决定，语言朴实与华丽均可，给予学生更多的想象和发挥空间，将阅读积累内容合理运用于写作中。

4. 把握读写结合重点

无论是阅读还是写作，都需要把握文本中的重点内容。教师应充分了解小学生的认知心理及文本的侧重点和内涵，将其整合进行读写结合教学。例如，在学习《赵州桥》一课时，文章不仅讲述了赵州桥的坚固性，也赞扬了建桥者的伟大劳动精神，文章的重点则是描写赵州桥的外形，通过外形体现桥的美。教师应抓住重点内容带领学生反复阅读并解析作者的写作手法。低年级学生的思维发展特点决定了其写作的形式，在描写动物、景物等时，教师可运用多媒体为学生开路，让学生通过细致观察进行真实的描写，培养学生的观察能力及信息捕捉能力。教师应明晰读与写之间的内在关联，范围教学中把握读写结合的重点内容，加强读写结合训练。

五、结语

综上所述，在进行小学阅读教学读写结合过程中，需真正理解读写内涵，并在实践中不断强化和完善。教师可以采取阅读课堂加强积累、强化练说、迁移写作、把握读写结合重点等策略，培养小学生读写结合能力，通过两者相辅相成的作用，提升小学阅读教学效率。同时，应注重教学模式创新，通过多样化的教学模式为小学生奠定良好的读写基础。

参考文献

［1］王罗.浅谈小学语文阅读教学中读写结合的策略［J］.教育实践与研究，2017（12）.

［2］钱友芬.基于语用的一二课时读写结合教学：目标与策略［J］.小学教学参考·语文版，2016（08）.

［3］蔡治平.小学阅读教学中读写结合的策略初探［J］.课程教育研究，2018（43）.

［4］范元春.小学语文阅读教学中读写结合教学法的研究［J］.中国校外教

育，2017（03）.

［5］东野广梅.小学语文阅读教学中读写结合的教学策略探究［J］.中国校外教育，2017（14）.

［6］于秀芳.基于小学语文阅读教学中读写结合教学模式的分析［J］.中国校外教育，2017（28）.

品童年乐趣，写生动人物

——《童年乐趣》教学设计

【教材分析】

《童年乐趣》是语文出版社五年级语文下册第六单元里的一篇略读课文，节选自世界名著《约翰·克利斯朵夫》，作者是法国当代著名作家罗曼·罗兰。课文主要写约翰·克利斯朵夫童年的一段生活，表现出他极佳的音乐天赋，对音乐强烈的兴趣。课文以时间为顺序，记叙了"克利斯朵夫作品第一号"的诞生过程。

【学情分析】

本单元的主题是"名著之旅"，要求学生注意把握文章的主要内容，想想名家是怎样叙述故事、刻画人物的。学生在前四课已经积累了一定的学习名著的经验，这一课，既是对前面所学理解文章及写作方法等知识的运用，也是有力的巩固强化。所以在教学中可以大胆放手让学生自读自悟，达到引起学生阅读经典的兴趣。

【教学目标】

（1）认识"嗡、勉"两个生字；积累"毫不厌倦、一本正经"等词语。

（2）体会克利斯朵夫童年的乐趣，感知作者叙述故事、刻画人物的方法。

【教学重难点】

体会克利斯朵夫童年的乐趣，感知作者叙述故事、刻画人物的方法。

【教学准备】

（1）查阅搜集关于本文作者及《约翰·克利斯朵夫》这部作品的相关资料。

（2）准备一篇《约翰·克利斯朵夫》的读后感及原著节选。

（3）多媒体课件。

【教学过程】

（一）认真地了解作者

（1）谈话揭题：童年是一首悠扬的诗，是一幅绚丽的画，是一支动听的歌。童年的生活充满着无穷的乐趣。今天我们一起学习第30课《童年乐趣》，齐读课题。

（2）走近作者。

师：在世界文学上，有一位名叫罗曼·罗兰的法国作家，他花了二十多年精心构思，奋力写成了一部十卷巨著《约翰·克利斯朵夫》。（出示书本）作品描写了一个德国音乐家坎坷的一生。今天，我们要学的课文就节选自这部作品，它讲述的是音乐家克利斯朵夫童年的一段生活。

师：我们来认识一下这位法国当代最重要的作家。

出示资料（配乐），学生默读：

罗曼·罗兰（1866—1944），法国作家、音乐评论家。15岁时，随父母迁居巴黎。1899年，罗曼·罗兰毕业于法国巴黎高等师范学校，通过会考取得了中学教师终身职位的资格。他以历史上的英雄事件为题材，写了7个剧本，试图以"革命戏剧"对抗陈腐的戏剧艺术。20世纪初，他连续写了几部名人传记：《贝多芬传》《米开朗琪罗传》和《托尔斯泰传》等。同时发表了他的长篇小说杰作《约翰·克利斯朵夫》，该小说于1913年获法兰西学院文学奖金，由此罗曼·罗兰被认为是法国当代最重要的作家。

说说在默读中你知道了什么。

（二）正确地认读生字

1. 出示生字词认读

wēng   miǎn

嗡（嗡嗡）   勉（勉励）

2. 出示四字词语指名读

不知不觉　　惘然出神　　别出心裁

一本正经　　莫名其妙　　喜气洋洋

结结巴巴　　毫不厌倦　　专心致志

（三）细致地默读课文

（1）出示默读要求：课文写了克利斯朵夫的什么事？作者是按什么顺序叙述故事的？（请用笔画出相关词语）6岁的克利斯朵夫的乐趣是什么？在自己喜欢的地方或疑惑的地方写上批注。

（2）学生默读课文，写批注。

（3）交流反馈。

（四）传神地朗读文段

（1）师：这篇课文有很多精彩的文段，下面的时间就请同学们选择自己喜欢的文段入情入境地朗读。如果选择的文段有两个角色，就邀请你的同桌一起读。

（2）学生自由朗读。

（3）分角色朗读。

师：克利斯朵夫能尽情地享受音乐带给他的乐趣，除了他自身天真可爱的性格，更重要的是有一位细心的爷爷。我们分角色来读读第10～23自然段。（教师读旁白，男生读爷爷的话，女生读克利斯朵夫的话）

（4）师：很多人说《约翰·克利斯朵夫》不是一部小说，而是人类一部伟大的史诗。我们一起读出诗的节奏。

出示课件：

（合）像所有的儿童一样，他一天到晚哼个不停。

不论什么时候，不管做着什么事——

（男）在路上一蹦一跳的时候；

（女）躺在祖父屋子里的地板上，手捧着脑袋，看着书中的图画的时候；

（男）在厨房里最黑的一角，薄暮时分坐在小椅子上惘（wǎng）然出神的时候……

（女）他的小嘴老是在那里咿咿唔唔，闭着嘴，鼓着腮帮，卷动舌头；

79

（合）他会这样毫不厌倦地玩儿上几小时。

（五）潜心地进行练笔

（1）出示文章例子：

克利斯朵夫扑在老人的膝上，把头钻在他怀里，快活得脸红了。

（2）师："扑""钻""脸红"等词语形象地表现了克利斯朵夫对祖父的感激及内心的兴奋。这就是用动作、神态描写来刻画人物心理的方法。这种方法的运用，可以使人物形象更具体、生动、丰满。

（3）你会了吗？我们来用一用吧！

情景：一个同学做错了事，想跟老师承认但是又怕受到责备不敢承认，他站在办公室门口徘徊。你怎样用动作、神态描写来表现他的矛盾心理呢？

（4）学生练笔，教师巡视。

（5）分享展示作品。

（六）静静地阅读名著

（1）学生静静地阅读所准备的作品。

（2）小组分享阅读体会。

（七）总结布置作业

（1）师：同学们，兴趣是最好的老师，克利斯朵夫对音乐的热爱，把他引进了音乐的殿堂，使他成为音乐的主人。同学们也要热爱生活，在生活中去寻找快乐，使自己成为生活的主人。

（2）作业：阅读《约翰·克利斯朵夫》，与同学分享阅读体会。

第四章

他山之石，可以攻玉

　　省内研习，促我成长；省外跟岗，博采众长；台湾考察，助我飞翔；澳洲培训，百炼成钢；持续学习，赐我攀登力量。我愿纳百川，容学问，学得文武艺，货于千万家，与学生们一起，在小语的天空中追梦起航。

省内美好的丰翼之旅

初踏东莞学习路途，难忘依依惜别之幼子，不舍即将迎接中段检测的可爱学生，心中压抑着、翻腾着一种说不出道不明的滋味。我素也爱看书，加之近年来各种培训学习加持，已掌握较为精深的专业和理论知识，不免疑惑，此番学习到底又能给我带来怎样的思维冲击？值不值得我花费半月时间，丢下家庭、幼子和六十一个即将升入初中的学生？拿到《语文教师的文本解读》这本由阮美好主编，范水国、李敏君任副主编的书，看着繁复的培训安排，大家都在嘀咕：这样的培训太辛苦了！文本解读不是加重教师的负担吗？令人喜出望外的是，纵使日程安排满满当当，但随之而来的深刻体验告诉我们，有意义的学习值得"为伊消得人憔悴"。十五天的相互学习，实为美好的丰翼之旅！

一、得幸遇到让我赞叹、仰慕、效仿的教师

在繁华的都市，阮美好老师是难得地沉下心搞语文教学的楷模。她思维严密、学术严谨，敢于坚持真理，表达观点既不人云亦云，亦不一味追求标新立异，充分体现了实事求是、求真务实的学者本色。初见阮老师，即被其才气谋略及随和热情所折服。她既是我们学术进步的领路人，又能像知心朋友一样鼓舞激励我们，其做人光明磊落、待人诚挚热心、处事公平公正，为我们每一个学员树立了榜样。在文本解读、教学设计、教学实战等教研方面，她总会以"专业标准"严格要求每一个人，精细到确保每个标点符号的准确。她虽不是

歌者，却让知识的清泉叮咚作响，唱出迷人的歌声。忘不了她日以继夜、殚精竭虑为学员修改教学设计；忘不了她不厌其烦、苦口婆心引领我们走进文本解读；忘不了她意蕴深远、耐人寻味的评课；忘不了她的抱诚守真、披心相付的待人。她是一位真正热爱小学语文教学的学者，是一位促进学生爱上语文的教师，是一位毫无私心的学科领路人。她的人格魅力、学识魅力、教学魅力、语言魅力、沟通魅力让人赞叹、仰慕，值得我等效仿。

二、感恩艰难困苦却满载而归、意犹未尽的培训

以往参加培训莫不是听听讲座、写写心得体会，是一件很轻松的事儿，好似放松之旅。可阮老师的培训安排非同一般，给人剑拔弩张、一触即发之感。除需按广东第二师范学院培训要求，完成开题报告、公开课、培训日志外，她还安排了工作坊、文本解读的实战操作等。抛弃假日，忙碌、熬夜是这一次培训的特色。犹记其时，周六的清晨，美丽的花园小学一片静谧，阮美好名师工作室却一派忙碌。这是一场"文本解读体验式培训"，要求学员尝试：①以"自我"的角色进入文本，体会读者——集中交流阅读收获；②以"非我"的角色进入文本，编写教学目标——集中交流自编的教学目标；③独立构思课堂教学设想，形成第一次教案——集中交流教学设想。阮老师选定《风筝》作为培训文本，让学员初尝文本解读体验。当天，学员在两小时内，深入文本，埋头于阅读的感悟及教学设计的达成。在立足于教学实践的文本解读的每一个环节，大家都各抒己见、畅所欲言，气氛尤为热烈。针对学员的困惑及存在的问题，阮老师知无不言，诚挚地提出自己的见解与建议。阮老师教学经验丰富，看待问题精准透彻，在文本解读上颇有独到见解。她时常注意提醒学员，在解读文本时，既要读进去，也要走出来；要从语言出发，再回到语言；要准确把握编者意图，充分了解学生的认知特点和学习起点。阮老师与大家分享了文本解读的宝典，即文本解读要树立三种意识：课程意识、文体意识、言语建构意识。"教"的规律需永远服从于"学"的规律，一切教学方法和手段必须顺应学生认知建构的发展规律。恰如其分的理论解读、立竿见影的实战操作，让一众学员对文本解读有了进一步的认识，明确了今后的研究方向。

三、深受广博高深"文本解读"理论的洗礼

（1）王荣生教授早已有言："一堂好课的最低标准是要有适宜的语文教学内容。"语文课堂上，"适宜的教学内容"是课堂成功的基础和垫脚石，课堂教学艺术则是"催化剂"，这就好比医生治病，应优先决定"开什么药"，而后才是"怎么服药"。语文教学亦是如此，"教什么"比"怎么教"更重要。

（2）语文教师作为专业的教育工作者，必须具备相当水准的文本鉴赏和批评能力，要以语文教师的立场和眼光对文本进行教学解读，要站在学生的立场对文本进行教学解读。此三点相辅相成，缺一不可。

（3）教师要站在学生语文能力发展的角度关注文本，关注课堂，这才是语文教学的"王道"。语文教师需要提高课程意识，立足语文课程性质，准确把握教材编写者意图，从语文课程的角度选择文本教学内容，确定"教什么"。要站在学生的立场对文本进行教学解读，教师是学生进行文本阅读的引导者与促进者，目的是教会学生掌握文本阅读的思路与方法，培养学生良好的阅读兴趣，"文本解读起始于教师，落脚点应该在学生"。教师通过文本的教学解读，对课文本身有了深入的理解，才能选择出比较符合学生实际的教学内容，只有尽可能准确地把握学生的学习起点和重、难点，才能更有针对性地设计出高效的教学环节。

（4）有效的文本解读为制定教学目标奠定基础，在文本解读的基础上所拟定的教学目标应该体现以下四个特点：

①落实课程标准总要求及年段教学要求。

②明确体现年级、单元训练重点。

③注重教学目标的三维统一。

④注重核心教学目标的提炼。

（5）必须深入地进行文本解读，弄清楚学生能够从课文的学习中"习得什么"，只有这样解读，才能精当设置教学目标，取得良好的阅读教学效果，达成高效课堂。

（6）立足"语用"，是我们进行文本解读的出发点与落脚点。只有建立在语文教师课程意识、文体意识和言语建构意识上的文本解读，才能充分发挥语

文教材作为"例子"的作用，让学生有效习得语文。

（7）关注言语形式，创造性地使用教材，与文本对话，与教科书编者对话，用声音还原故事，让阅读因发现而精彩。

此番培训学习，只因每人拥有共同的目标——热爱并执着追求高效教学，我们劳累并快乐着。在"文本解读"新理念的引领下，语文教学将更扎实有效，语文发展将走上康庄坦途。

如今"一碗水""一桶水"已远远满足不了时代对知识的渴求，我们需要的是连绵不绝的"长流水"，滚滚不尽的"江河水"，需要活化新知，积淀学识，孜孜不倦，如此才能不断丰翼，才能更好更自由地展翅翱翔。

附：

在东莞东城花园小学上课的教学设计
——圆明园的毁灭

【教学目标】

（1）学习生字新词。

（2）能把握课文的主要内容，并了解圆明园昔日的辉煌，激发学生热爱祖国文化。

（3）能感悟作者运用简练的语言呈现圆明园昔日辉煌的表达方法，了解作者的表达匠心。

【教学重难点】

引导学生归纳课文的主要内容，并了解圆明园昔日的辉煌，激发学生热爱祖国文化的感情；引导学生感悟作者运用简练的语言呈现圆明园昔日辉煌的表达方法，了解作者的表达匠心。

【教学准备】

（1）学生课前最好能搜集有关圆明园的文字、图片和音像资料，这也是本组课文的训练点。

（2）教学前教师搜集有关圆明园的各种资料。

【教学过程】

第一课时

（一）出示课题。（3分钟）

（1）板课题：圆明园的毁灭。（齐读课题）

（2）理解"毁灭"的意思。（再读课题）

（二）初读课文，整体感知。（6分钟）

（1）检查生字认读情况。

（2）朗读课文，想想课文主要写了什么？

（3）交流，概括：圆明园昔日的辉煌和它的毁灭。（圆明园已经毁灭了，文中所写的属圆明园昔日的辉煌）

哪几个自然段写昔日的辉煌？哪个自然段写毁灭？剩下的自然段又是写什么的？

（三）研读感悟，升华情感。（28分钟）

1. 学习第一自然段

齐读第一自然段。

① 指名概括段意。

② 出示段意跟第一自然段进行读中对比，你发现了什么？感悟作者的表达匠心。

小结：作者这样写，让我们充分地感受到他对圆明园毁灭的痛惜之情。那圆明园到底是一座什么样的园林呢？

2. 学习第二自然段（布局）

（1）指名读第二自然段，想想：你的朗读让老师仿佛看到了圆明园，你看到了怎样的圆明园？（生回答）

（2）读书要会把握关键词，你从哪个关键词感受到了圆明园布局独特，规模宏大？引出"众星捧月"。（重点理解：众星捧月）

① 从字面上来理解。（无数星星环绕着月亮）

② 联系上下文理解词意。

③ 资料补充，强化对圆明园布局独特、规模宏大的感受。（圆明园占地约347公顷，有640个足球场那么大。历经雍正、乾隆、嘉庆、道光、咸丰五代

皇帝，经过150多年的修缮扩建，花费了不可计数的人力物力，汇集了无数天下胜景和名园的精华）

3. 第三自然段（景观）

（1）请同学们自己读一读这段话，仔细找一找写了哪些景观。

（2）交流汇报。在交流汇报中，教师引导学生关注关联词。（并相继板书：①有……也有；有……也有；②都是……还有；③不仅有……还有）

（3）再读课文，边读边想象，漫步园中，你仿佛看见了什么？

（4）讨论交流。

预设一：第一句，"圆明园中有……"

① 想象说话中指导朗读。关注"金碧辉煌、玲珑剔透"两个成语。我仿佛来到了风光秀丽的田野山乡，看到了稻浪滚滚，听到了潺潺流水声，闻到了稻花飘香……

② 运用句式说话：有_____，也有_____；有_____，也有_____；

③ 激发情感，激情引读："漫步园内，有如漫游在天南海北，饱览着中外风景名胜；流连其间，仿佛置身在幻想的境界里。"

预设二：第二句，"园中许多景物都是仿照各地名胜……"

① 出示圆明园的景观图，指导学生把它想象具体，并说一说还有哪些景点，描绘景点之美。

② 激发情感，激情引读："漫步园内，有如漫游在天南海北，饱览着中外风景名胜；流连其间，仿佛置身在幻想的境界里。"

（5）小结：用文中词概括　园林艺术的瑰宝　建筑艺术的精华（板书）

4. 第四自然段（文物）

（1）指明过渡句："……不但……还……"。

（2）引导学生抓住"上自……下至……"，感受圆明园内文物之多及年代悠久从先秦至清代。（大概是两千年，准确地说是2400年，大家算一算，在2400年间，一年里边有一样奇珍异宝那就得有2400多件，哪能一年就出一件呀，所以说，圆明园里的奇珍异宝，用个成语来形容那是数不胜数——应有尽有、琳琅满目、美不胜收、数以千计、不计其数）

（3）出示图片，师在数字、价格方面作说明。

（4）此时，你觉得圆明园的文物还可以用怎样的词来形容？（珍贵、昂贵、价值连城）。

（5）小结：用文中词概括：最大的博物馆、艺术馆。

（6）指导朗读。圆明园不愧是一座举世闻名的皇家园林，可以说走进了圆明园，就走进了中国历史的长河；走进了圆明园，就走进了民族艺术的宝库。让我们用骄傲的语气来读，请同学们自己来读一读这段话。

5. 回顾圆明园昔日辉煌

引导学生用上"也……也是"，说说圆明园是一座怎样的花园。

（四）总结

师：然而就是这样一座将古今、南北、中西建筑之美和谐集于一身的，这一座收藏着无数奇珍异宝的，堪称当时世界之最的博物馆、艺术馆，它已不存在了，它是被英法联军毁灭的，站在圆明园的废墟上，老师想，你们的心里一定有很多话要说，请同学们回去继续收集有关圆明园的资料，便于下节课交流学习。

（五）作业

（1）观看《百家讲坛》阎崇年老师《清十二帝疑案之咸丰下》。

（2）完成课后选做题。

板书设计：

21 圆明园的毁灭

不可估量！	建筑宏伟	有……也有…… 有……也有…… 都是……还有……	瑰宝
		不仅有……还有……	精华
	文物珍贵	上自……下至……	

烟花三月遇见美好教育

烟花三月正是江南最美的时节，我怀揣着成为更好的教师的梦想，克服工学矛盾，放弃了假日休闲，与2018年跨区域合作中小学卓越教师高端研修项目的同行如约来到了杨柳依依、文化底蕴深厚的杭州。杭州处处水清如明镜、绿草如茵、花木掩映，自然景色美丽动人，令人陶醉，让人痴迷。然而最让我沉醉的是在此遇见的美好的教育。

一、遇见灵动、丰盈的课堂教学

杭州的课堂教学让我神往，每次得见我都沉醉在它灵动、丰盈、诗意一般的课堂教学中。此次所观摩的示范课，无论是《东阳·童年·骆驼队》《彩色的梦》，还是《奥洛夫的梦想》，皆给我许多思考。徐明老师巧妙地使用《城南旧事》电影视频与文本《东阳·童年·骆驼队》进行对比，通过分角色朗读体会、还原动作画面、仿写画面、反复与文本对话等教学手段让学生发现其中的写作秘诀与言语表达的魅力。胡文昱老师的《奥洛夫的梦想》一课通过实际的操作让学生去体验、去发现、去总结、去归纳、去思考，学生积极参与、和谐合作，他们知识渊博、妙语连珠，让我等教师也不由得钦佩鼓掌。教师三言两语将任务布置清楚，任由花儿们激烈讨论，静待花开，看似个"甩手掌柜"平淡无奇，实则凸显出教师丰厚的文化底蕴及高超的课堂驾驭能力，必是长期不懈之坚持，方成如此灵动、丰盈之课堂教学模式。

二、遇见实在、实效的教研活动

教研活动是教师成长所不可或缺的，应该蕴含思考与价值。然而在我过往承担的教学公开课评课环节，时常听到"真不愧是特级教师，上得真好""很受启发，原来课可以这样上""专家的课真不知道怎么评"等客气、恭维甚至敷衍的评价，过于凑趣讨好以致无法完成对有效教学建议的收集。

曾有幸耳闻仙居县教科所张志伟老师所作的《实在、实际、实效——学校教研活动的组织与策划》讲座，其通过对传统教研活动存在的问题进行反思，结合多次亲身调研的经历，就如何有效组织与策划学校教研活动，进行了全面的分析与深入的思考。他以案例漫谈的方式，阐述了如何从课堂教学结构、从作业形式、从教学设计的层次性、从课堂容量、从教师研训、从作业评价的角度等方面开展真实有效的教研活动。

张志伟老师指出，教研组长需要具备"上课与指导、观察与思考、研究与表达、组织与协调"四种能力；教研活动的一般过程是需求调查、主题确定、过程规划、素材呈现、问题讨论、观点提升、行为跟进、评价反思等。张老师强调，教师要把教研活动做成讲故事的活动，形成一种独特的教研文化。因为课堂上有很多故事，故事里有很多道理，把故事想通了，你就成长了。学校教研活动的开展要做到"复杂的事情简单做，简单的事情认真做，认真的事情重复做，重复的事情创造性地做"。讲座精辟深刻，醍醐灌顶，令人茅塞顿开。

三、遇见细致、入微的生命教育

在互联网时代，青少年面临着许多严峻的挑战，尤其是面对诱惑之时，普遍存在心理问题，而家庭、学校和社会，对青少年的健康成长负有不可推卸的责任。资深心理健康教育专家周仁娣老师基于大量翔实的数据和案例，在其《关注学生的生命成长》讲座中指出：作为教师，我们有责任和义务把青少年的身心健康教育当作一项重要的工作来抓。一是提前介入心理健康教育。从小学生开始进行适宜适时的生命健康教育，让他们懂得自我保护，自我保健，珍爱生命，健康成长。二是提前介入性健康教育。作为教师，要了解青少年心理特征，教育青少年学会调适自己的情绪，努力拥有健康心理，提前引导青少年处理好两性关系。教师要开展丰富多彩的主题教育活动引导青少年，培养学生安全自我保护能力。教师做青春期性教育时，针对小学低段、中段、高段等不同年龄的青少年，在指导内容、指导形式等方面一定要字斟句酌，科学安排，使其受到科学的引导。周老师温馨建议并鼓励教师要不断提升综合素质，树立新形象，做社会、家庭人员认可，亲朋好友喜欢，学生尊敬，自己快乐的阳光教师。谈笑间，于细致入微处，妙语解颐，娓娓道来，发人深省。

四、遇见睿智、硕学的教育前辈

　　每一次与王莺、方张松、石其乐等教育前辈的遇见，他们的睿智、硕学、幽默始终如清新的三月烟雨，滋润心灵、催人上进。教师成长的路上不可能一帆风顺，其中需要不懈的努力和卓越的教育智慧。如王莺老师，初次到天长小学上课，也因诸多的不顺委屈地痛哭，但她没有就此消沉，而是通过调整教学、亲近学生等方法，灵活运用教育智慧，使自己走上一条幸福、光明的教育之路。倾听三位教育前辈的讲座，幽默风趣、耐人寻味的言语好似三月春风，值得人仔细体会回味，纵然耗时六小时有余，亦是白驹过隙、韶华如驶。有道是，"最浪漫的，是为热爱的坚持"。他们的教育自信源于日积月累的积淀，以及"咬定青山不放松，立根原在破岩中"的卓绝毅力。"工欲善其事，必先利其器。""时间一定要浪费在自己喜欢的事情上，如果每天只是机械地完成一些任务，那么人生也会变得荒芜、漫长；不要为了生活而将就，不要为了某些目的而讨好；勇敢一点，坚持自己的爱好，它将赋予你强大的生命感受力；不再麻木地消耗时间，把每天的生活过得新鲜、有趣。"世间百行千业，吾独爱三尺讲台。二十年来深耕在粤北山区的教坛上，为自己热爱的事业坚持、奋斗及期待着。纵有众多名师专家珠玉在侧，为后来者领路，但教育之路漫漫，要想让山区孩子在语文这方天地飞得更高、更远，我仍需上下而求索，以求得广博的知识积淀和杰出的教育智慧服务于更多嗷嗷待哺之学子。

　　世间一切，都是遇见。就像冷遇见暖，有了雨；春遇到冬，有了岁月；天遇见地，有了永恒；人遇见人，有了生命。在杭州遇见同行、智者，与教育更亲近，这是最好的安排，最美的相遇。"学然后知不足，教然后知困。"我必学以致用，将所学所思落实于行动中，关注学生们的生命成长，与学生们一

起在小语的天空中追梦，让美好教育在韶关的土地上发芽、长叶、开花、结果！

附：

在杭州跟岗《老人与海鸥》教学设计

【学情分析】

五年级的学生已具备了一定的阅读能力，掌握了一定的阅读方法。比如，抓重点词句，体会思想感情；边读边想，提出问题；读文章，想画面；抓住关键词句，体会表达效果等。本课教学需更加注重方法的巩固和熟练运用。本单元前三课中，学生学习了老舍先生的《猫》和冯骥才先生的《珍珠鸟》及《海豚救人》三篇反映人与动物深厚情谊的文章，已有了一定的知识储备。我班很多学生养过小动物，对于动物富有灵性的表现有一定的体验积累，再加上本文结构清晰、语言浅显、感情真挚，这些对学生理解课文内容有很大帮助。但由于受年龄和阅历的限制，学生要想对那份震撼人心的情感达到感同身受的地步，仍有一定难度。在本课教学中，需积极创设情境，引导学生在读中感悟、想象、积累，入情入境地感受人鸥真情。

【内容分析】

本课是一个真实的故事，通过老人对海鸥和海鸥对老人两个方面的描写，抓住细节，用几幅动人的画面，传达出人与动物的和谐关系和震撼人心的亲人般的情谊。十多年前，老人在湖畔偶遇一群从北方飞到昆明越冬的红嘴鸥。从此，老人与海鸥结下了不解之缘。每逢冬季来临，海鸥便成群结队地来到翠湖之畔，老人也像赶赴约会似的，每天到翠湖之畔去喂海鸥，风雨无阻。他视海鸥为儿女，给它们起名字，喂饼干，照顾伤病的海鸥。久而久之，海鸥与老人结下了深厚的情谊。然而有一天，老人去世了。海鸥们在老人的遗像前翻飞盘旋，连声鸣叫，后又肃立不动，像是为老人守灵的"儿女"，不忍离开自己的亲人。要使学生初步认识到老人与海鸥的特殊关系，为后文的学习做好铺垫。

【教学目标】

（1）认读10个生字，并结合课文理解"抑扬顿挫""亲昵"的意思。

（2）有感情地朗读课文，读懂课文内容，理解老人与海鸥的深情。

（3）发现作者运用神态、动作、语言把人与动物的感情写得真实具体的描写方法，并尝试运用。

【教学重难点】

发现作者运用神态、动作、语言把人与动物的感情写得真实具体的描写方法，并尝试运用。

【教学准备】

多媒体课件。

【教学过程】

第一课时

（一）温故导入

出示《珍珠鸟》《猫》《海豚救人》片段，回顾前三篇课文的写作方法。

师：我们通过老舍先生运用具体事例表现动物特点的"招"，感受到了猫虽然古怪，却尽职尽责、勇猛敢斗、温柔可亲的可爱形象；冯骥才先生抓住珍珠鸟的形状、色彩、动态描写，使小鸟憨直、顽皮、活泼的形象跃然纸上，告诉我们"信赖，往往创造出美好的境界"；《海豚救人》运用举例、实验说明的方法让我们感受到海豚具有救人的美德，是人类的好朋友。这些发生在人与动物之间的一个个故事，深深触动了我们的心弦。动物是大自然和谐大家庭中的一员，它们与人类有着真挚而深厚的情谊，我们应该细心地去照料、关心它们。今天我们将再学习一个关于人与动物的故事。

（二）初读课文，整体感知

（1）预习汇报。出示认读字词。

海鸥、褪色、饼干、抑扬顿挫、亲昵

俯身、歇息、驻足、瞻仰、旋涡

师：你认为哪个生字的读音需要提醒大家注意？

（2）初读课文。

快速阅读课文，说说课文中哪些地方让你感动？

（3）指名交流。

（4）提炼小标题，在横线上填上合适的字，教师随机板书学生所答关键字：

$$\text{老人} \xrightarrow{\text{爱恋}} \text{海鸥}$$

（三）研读老人对海鸥无私之爱

1. 认识老人

（1）师：课文正是讲述了老人无私地爱着海鸥，老人去世后海鸥恋恋不舍地送老人这两个部分的内容。现在我们就跟着作者的笔调，来逐步认识老人。远远地，作者在人群中认出了那位老人，老人有何独特之处？你能找出描写他的句子吗？用横线画出来。

（2）交流找到的句子："他背已经驼了，穿一身褪色的过时布衣，背一个褪色的蓝布包，连装鸟食的大塑料袋也用得褪了色。"

① 全班齐读句子，体会句子表达的情感。

② 师：你看到了一位怎样的老人？（学生回答）

师：哪个词语告诉了你这一点？（褪色）

（3）教学生字"褪"，进行书写指导。

① 跟随课件进行笔画书写。

② 播放书写"褪"字的小微课。

③ 学生在课堂练习纸上描红、书写。

（4）出示吴庆恒的资料。

师：作者为何反复写"褪色"这个词语呢？原来老人背后有着令人心酸的故事，请同学们安静默读。

这位老人是昆明化工厂的一位退休工人，每个月只有308元收入。老人平时最大的开销就是两毛钱一包的烟，出门绝不坐公交汽车，因为他舍不得花那5角钱车费。为了节省钱，一碗干饭，一个馒头，一碟咸菜就是他一天的伙食，身体不舒服了也绝不会去医院看病，能挺就挺过去，实在不行也只是买一些草药，但是这位老人舍得每天买四块五毛钱一斤的饼干喂给海鸥吃。老人去世了，人们发现他家里最值钱的东西竟然只是6个鸡蛋，而这6个鸡蛋也只是他给海鸥做饼干的配料。

师：我发现同学们的神情变了。老师相信，故事里的每一个数字一定都

深深地打动了你的心。从这些数字中，我们还可以看出这是一位怎样的老人？（无私）

（5）指导朗读。

师：同学们，也许打动海鸥内心的，就是这位老人这种无私的付出。拿起我们的书，一起带着这样的感动我们再读读刚才的话。"他背已经驼了……"

2. 品读老人

（1）品读"喂海鸥"。

① 师：可以从哪里看出老人细心地喂海鸥？用波浪线画出来。

生读句子："人少的地方，是他喂海鸥的领地。老人把饼干丁很小心地放在湖边的围栏上，退开一步，撮起嘴向鸥群呼唤。"

② 师：这里是作者对老人喂海鸥的一处细节描写。请同学们再自由地、仔细地读这句话，说说哪个小细节最让你感动。（人少的地方、饼干丁、小心、退开）

师：作者抓住了老人的哪方面来写的？（动作）

③ 以诗歌形式出示句子"老人顺着栏杆边走边放，海鸥依他的节奏起起落落，排成一片翻飞的白色，飞成一篇有声有色的乐谱"，教师范读。

师：海鸥吃食居然还有节奏，多有意思呀！这又是怎样的节奏呢？老人走，海鸥起；老人放，海鸥落；老人快，海鸥快；老人慢，海鸥慢。表面上看起来海鸥是依着老人的节奏起起落落，实际上是老人在依着海鸥的节奏在边走边放。正是因为有了老人精心的喂养，所以出现了这个如诗般美好的画面。请女同学读一下。（配乐）

师：从这个画面，同学们感受到了什么？（和谐、默契）

④ 角色代入，把"海鸥"换成"我们"，出示句子"老人顺着栏杆边走边放，我们依他的节奏起起落落，排成一片翻飞的白色，飞成一篇有声有色的乐谱"。

师：同学们，此刻你们就是一只只欢乐的海鸥，我们一起合作读读这个句子，体会老人与海鸥的和谐，注意听老师的语速。

师：老人顺着栏杆边走边放……

生：我们依他的节奏起起落落，排成一片翻飞的白色，飞成一篇有声有色的乐谱。

师：老人顺着栏杆边走边放……

生：我们依他的节奏起起落落，排成一片翻飞的白色，飞成一篇有声有色的乐谱。（师变化语速来读。）

（2）品读"唤海鸥"。

① 师：在这和谐默契的画面中，从这篇有声有色的乐谱里，我们还听到了老人对海鸥的呼唤，他是怎样唤海鸥的？

生读句子：在海鸥的鸣叫声里，老人抑扬顿挫地唱着什么。侧耳细听，原来是亲昵得变了调的地方话——"独脚""灰头""红嘴""老沙""公主"……

师：什么叫"亲昵"？（亲切）我们也来亲昵地呼唤一下海鸥吧！（师引导学生用不同的语调来唤海鸥的名字）

（大声地唤）"独脚"

（轻轻地唤）"灰头"

（悠长地唤）"红嘴"

（简短地唤）"老沙"

（用地方话唤）"公主"

像这样声音有长有短，有高有低，用课文的一个词语来形容，那就是"抑扬顿挫"。

② 补白文本，读写结合。

迁移运用：学习作者描写人物的方法，抓住外貌、神态、动作来进行写话。

师：老人亲昵的呼唤里藏着无尽的爱，如果你就是老人，面对自己心爱的海鸥，你会如何呼唤它来吃东西呢？请完成其中一题小练笔，注意描写好老人说话的提示语、神态和动作，这会让你的写话更精彩。

a. 独脚曾经受过伤，平时它最受老人的关爱，这天老人_____跟独脚说"_____"，说完，老人就_____。

b. 公主的脾气_____，于是老人_____对公主说"_____"，话音刚落，老人便_____。

c. _____，于是老人_____对它说："_____"，说

罢，老人便_____。

（3）品读"谈海鸥"。

① 师：从你们的写话中，我感受到了老人不是在喂海鸥，而是在喂自己的孩子啊，那么这份深沉的爱源自哪里呢？让我们走进老人内心，聆听他的心声。请在课文里找到老人心底爱的根源，用双横线画出来。

生读句子："海鸥最重情义，心细着呢。""海鸥是吉祥鸟、幸福鸟。"

② 师：这就是老人对海鸥的评价，谈起海鸥的时候，老人神态如何？（亲昵、生动）老人在称赞海鸥吗？不，老人在称赞自己的孩子！

我们也来自豪地夸夸海鸥吧，读："海鸥最重情义，心细着呢。""海鸥是吉祥鸟、幸福鸟。"

（四）回归板书，小结课文

（感悟写法，三个层次：自远而近，写法不同）

师：同学们，跟着作者的笔调，我们逐步走进了老人的内心，作者在描写老人爱海鸥的部分，是有秘诀的，他是按一定的顺序来写的，谁能发现是按什么顺序来写的？（远看、近看、走进）

师：是啊，作者由远到近地刻画了老人的形象，在这三个层次中，描写方法又各不相同，谁能说出远看老人时作者抓住什么来写的？（外貌）

另外两个层次又抓住了什么来写？（近看：动作；走进：语言）

师：看啊，作者是如此地独具匠心，这三个场景的描写层层递进，让我们一步步地走进老人的心里。希望大家也能从中有所收获。

（五）布置作业

（1）登录作者邓启耀的博客http：//blog.sina.com.cn/s/blog_62ad69070100g4u9.html，阅读海鸥老人的原文，还可以在后面跟帖，和作者交流读后的感受。

（2）阅读更多人与动物的文章。

走进中国台湾地区感受传统教育的魅力

初识中国台湾地区，是从小学学习《日月潭》这篇优美的文章开始，随着《高山青》《阿里山的姑娘》等歌曲的流行传唱，内心对宝岛台湾更是神往。2017年12月，我有幸参加由广东省教育厅组织的广东省中小学新一轮"百千万人才培养工程"第二批小学名教师赴台培训班，至此有了第一次近距离感受中国台湾地区的机会。短暂的15个日夜，亲身感受中国台湾地区学校的办学特色与理念、课程设置与组织、校园文化建设，触及其课堂教学过程、教学方法、班级管理手段等，可谓满载而归。尤其是中国台湾地区对中国传统教育的继承与重视，更是令人叹为观止，成果之显著使我等被中国传统教育之魅力深深迷醉。

一、环境育人——传统的校址选择

学校是培养人才的地方，只有在良好的校园环境中才能培育出符合国家需求的人才。校园环境对受教育者产生耳濡目染、潜移默化、养性怡情、陶冶情操的积极作用。"孟母三迁"的故事就很好地说明了环境对学生的影响。研修期间，培训团参访了众多学校，我们惊喜地发现：不论大学、中学、小学，其选址和校园环境的构建皆有一个共同的特点，即与古代书院的选址建设观念一脉相承，体现山水比德思想和生态道德观念，注重人文环境对生徒的熏陶。东海大学附属小学便是建在一片郁郁葱葱的树林之中。最具代表的当属华梵大学和台东县丰源小学。

华梵大学位于中国台北市大仑山西南坡，海拔500米至550米，是一所没有围墙的森林大学。设计者善利地形，巍巍的校舍依绵延的群山而建，以天为锦帐树为屏，以园林树下为课堂。学生在树中学习，向自然师法，远离了城市的喧嚣，借助大自然景观的熏陶，静心读书，乐享亲切和煦、温馨宁静。整个学校环境与学校文化相得益彰，达到了园中无枯木，校内无废人的境地。唯有宁静才足以致远，现代教育多注重知识的灌输，而忽略了心灵的培养，致使知识与精神不能达到均衡发展，导致人文精神的荒芜与理性思考能力的衰减，华梵大学的园林境教思想足以带给我们启发。

丰源小学依山傍水，兼具海洋和乡村风情，坚持以人为主、以教育持续发展为原则的设计理念，符合美化、节能、持续等绿色校园目标。学校建筑以蓝、白色为主调，展现出浓浓的希腊地中海风情。内部设计科学实用，多边形的教室设计除大片窗户外，各设置两个前门和一个后门，因为方向各不相同，可以引进各方向的风流，让教室透气又凉爽。教室是独特的梯形，一个前门和走廊非垂直设计，可以避免室内、室外行进的碰撞问题。教室外廊是拱门和圆柱的搭配，让廊道空间更显优雅温柔，各立柱的边角也细心地做圆化处理，预防学生撞伤。漫步校园，如哥德式教堂的彩绘玻璃，圆拱形的窗户，有如少女般曼妙身材的"S"形曲线栏杆，波浪造型的屋顶，整座校园展现出欧式的浪漫风情，柔性的氛围立刻使紧绷烦躁的情绪得到舒缓。它既像一个美丽又浪漫的童话世界，又像一艘即将起航的帆船。虽然该校生源大多数来自农村，学生也仅有102人，但教学成效异常突出。其校美生优，故而时常吸引过往旅客的惊奇目光，招致大批教育同行慕名前来观摩参访。丰源小学将建筑美学与校园美学完美地结合呈现，让校园空间规划更弹性、更多元，除了提供师生教与学之外，还发挥了附加价值和效益，让校舍不只是校舍，校园也不只是校园。校园中每一处设计都融入了设计者细腻的心思，学生上学就像度假般轻松自在，教育目标的实现也自然在轻而易举之间。

二、传统的课程教学

中国台湾地区每所学校都有传统课程的开设，如剪纸课程、民乐课程、茶艺课程、国学课程等。在参访的学校中给人最大震撼的是高雄光荣国民小学，这是一所美丽的校园，以跳鼓阵、国际教育、海洋艺术、桥牌教育为办学特

色。该校李哲明校长极富创新之魄力，其发起的四大办学特色教育，成功地将一所濒临撤并的学校，兴办得充满勃勃生机。

造访高雄光荣国民小学代表团的车还未停定，举首戴目便是一群身穿亮丽传统服饰迎候的学生奉上的富有特色的跳鼓阵表演。他们手执画龙秀凤的娘伞，锤击着圆红的大鼓或跑或跳或蹲，劲中有美，美中有韵。信步校园，拾级而上，每一层阶梯皆贴有草蜢撩鸡公（比喻自不量力）、惜子连孙、惜花连盆（比喻爱屋及乌）等闽南语谚语，与该校每班每周开设的一节闽南语课程相得益彰，共同创设语言学习环境基础。

中国台湾地区四面临海，高雄光荣国民小学善用周围环境，借临近爱河之便，成立了全台湾地区唯一的帆船体育班，设置了独树一帜的海洋教育课程。切实可行的教育目标及详略得当的实施方案的设定，使学生在课程中得以知海、爱海、亲海、用海，在学好本领的同时懂得了保护环境的重要性。在落实课程中，学生既掌握了驾驶帆船的技巧，又锻炼出面对困难勇往直前的勇气。特殊的海洋课程因而获得台湾教育部教学卓越银奖。在就特色课程落实方面进行交流时，李校长别有深意地告诉我们："学校活动就像烟火，放完就没了。因此，一定要把理念贯彻到课程，实施到课堂，这样才能成为学校的文化和内涵，世代累积。"

李校长还认为，教育要有跨文化意识，完成跨文化的交流，教育才能走得更长远。是以，该校在大力传承创新的同时亦注重推动学校的国际化，以加强文化间的交流互动。

中国传统文化博大精深、底蕴深厚，是中华民族的血脉、灵魂和根基。习近平总书记指出："中华优秀传统文化是我们最深厚的文化软实力，也是中国特色社会主义植根的沃土。"优秀传统文化进校园有着重要意义，"应该把这些经典嵌在学生的脑子里，成为中华民族的文化基因"。台湾教育在创新继承传统文化方面作出了杰出引领，启发我们每一个基础教育者以积极推行优秀传统文化进校园为己任，推陈出新，做好优秀传统文化课程建设工作。

三、传统的养成教育

参访期间，甚喜中国台湾地区育人文化的根深叶茂，处处可见环境育人的教化，时时可触文化育人的陶冶。台中市北区太平国民小学的厕所文化尤为震撼人心，令人久久不能忘怀。该校以"同去·童趣"为设计理念，加入阅读、运动、本土观、国际观的主题，发展本地文化特色，并融入美感教育，展现厕所人文美学，使学生一同去厕所（同去），进入一个富有"童趣"的空间，让厕所不只是简单解决学生生理需要，更让它提升成为心灵成长的天地。该校运用四个亮点达成"同去·童趣"的设计理念。一楼的"本土风"，将"双十流域"地图绘制在马赛克弧形墙砖上，让学生了解本地文化，认识台中公园、放送局、柳原教会、孔庙等地。六角形洗手台设计，犹如古代水井造型，让学生感知饮水需思源，再配合木质地砖与隔间，创造出古朴的视觉效果，好似进入时光隧道，尽享"双十流域"的意境。二楼走"运动风"，在蓝色的瓷砖衬托下，厕所这片天地像是蓝天一样宽阔，搭配黑色烤漆小黑人造型，以学校发展的运动社团项目，如舞蹈、溜冰、篮球、羽球、跳绳为主题，创造出具有运动风的厕所。三楼以"阅读风"呈现，阅读是学校本位课程，学校藏书最多的图书馆也设在三楼；六角形洗手台上方有棵"树木"的意象造型，表现树木吸取洁净之水为养分而枝繁叶茂，天花板绿色造型是树干上的叶子，树荫下的马赛克砖书墙，营造出"树屋"的感觉，让学生遨游书香天地。四楼掀起"国际风"，一切从本土出发，迈向国际，放眼世界地球村，弧形墙面设计成学生心目中的世界地图，让学生了解世界各地不同之文化，以和平、互爱与尊重的胸怀共存、共荣。

　　有文化如此，是故无论老少长幼人人皆能主动参与到保洁行动之中，校园洁静，人心纯净，教养育人之功是谓大成。从大处着眼，小处着手，巧创"厕所文化"，使与众不同的厕所文化浸润学生心田，以良好行为习惯的养成反促学生健全人格的培养，让学生受益终身。

　　亲历中国台湾地区师生的文明、谦逊，真诚、纯朴，亲近中国台湾地区校园特有的文明秀美与厚重文化，令人备感振奋、深受鼓舞。正如梁祖菲团长所言，研修活动让我们开阔了视野，增长了见识，学到了许多好的经验，得到了好的启示。我们一定要将所学所感积极内化，主动运用到自己的教育教学中。在学习和研究中拓展思路，在质疑反思中完善自我。

走进澳大利亚，感悟教育真谛

2017年2月26日至3月18日，广东省新一轮"百千万人才培养工程"小学名教师培养对象一行23人赴澳大利亚进行教育考察培训，我有幸成为其中一员，对此感慨颇多。正如同行的蔡敏胜老师所说："我们这批名师，大多出生在20世纪60年代末期70年代初，当一名普通教师的时候，谁也没有想到会拥有国家公费选派出国交流学习的机会，如今心里很是感激。"我出生在20世纪70年代末期，年纪较轻，资历相对不足，能以一名粤北山区小学教师身份入选，更觉幸运与满足。这一切得益于国家的强大及对教育的日益重视。21天的考察培训，通过听讲座、与澳洲中小学教育专家及校长座谈、参访学校、进行跟岗实践，我们全方位感受了澳大利亚的教育理念与实况，享受着心灵碰撞带来的震撼与兴奋，享受着精神洗礼带来的幸福和愉悦，仰取俯拾皆是收获。

一、严守纪律，认真学习，展现中国教师风采

在与澳大利亚的教育专家、校长、教师、学生交流时，我时刻铭记自己广东名师培养对象的身份，做到行动符合身份，言论有分寸，礼貌合乎常规。坚持一切行动听从钟蔚团长的指挥，时刻遵守外事纪律，每天依时参加各项培训，认真聆听、做好笔记、积极参与讨论交流，及时写好学习日志，维护中国教师良好形象。

二、走进澳大利亚，感悟教育的真谛

众所周知，澳大利亚这个人口将突破两千万的国家具有世界一流的教育水平，先后共有六位科学家获得过诺贝尔奖。如此优异的教育成就，必然有其过人之处。

（一）奢华多彩的教学设备和班级文化建设

在我们参访的近二十所学校中，校门大多不过是一块牌子而已，甚不起眼，需仔细找寻方能发现。教室多设于盒子状的一层房子，仅个别学校有为初中设置的两层学生教室。不起眼的校门、低矮的一层教室，看起来更像是民居。当我们走进教室，里面却别有洞天，就如一个奢华多彩的世界。每个教室都配备了高端的教学设配，高矮不一却灵活多变的课桌、品种齐全的学习用品；色彩斑斓、彰显学生个性的班级文化建设，让人置身于一个舒适的学习乐园中。也许这就是澳大利亚安静、实在的教育特色的表现吧！

（二）学生积极向上，满脸幸福的源泉

在澳大利亚小学校园，总能看到学生脸上洋溢着夏日阳光般灿烂的笑容。与学生攀谈，"你喜欢上学吗？"学生们给出的永远是坚定的回答。"喜欢！""上学是一件很有趣的事！""上学给我带来很多快乐！""上学的感觉像跟巧克力亲吻一般享受！"孩子稚嫩的脸上庞一举一动透出的快乐幸福情绪感染了我们，不禁渴望探寻他们幸福的源泉。

幸福源泉之一：落实到位的教育理念

教育要想先进、强大，必须有自己的核心价值理念。教育理念具有导向与激励作用，它是对教育实践的反映，同时又对教育的奋斗目标和努力方向有所设定，约束并引导着人们的行为方向，体现出对教育未来发展状态的期待，是教育行动的思想先导，激励人们为理念而奋斗。澳洲教育的三项基本教育理念即为以自尊自信为先，让学生学会接受自己，不断完善自我，做最好的自己；再是追求学生在社会中的生存能力；最后才是学科知识的学习和实用能力。这与我国的"中国学生发展核心素养"的理念是一致的，其核心都是让孩子成为全面发展的人。但与澳洲相比，我们许多山区地区甚至没有关注到国家教育理念的改变，依然用老一套的方法来教育，核心素养理念的落实方兴未艾。

幸福源泉之二：尊重、保护、平等，绽放绚丽的光芒

澳大利亚人认为孩子是国家的，所以孩子在妈妈的肚子里时就开始受到高度的重视，具有很高的地位。

在这个国度，学生处处得到尊重，我们在参观学校时被提醒：需咨询学生意愿，获得批准后方可进行拍摄行为，假若学生不愿切不可强意而为之。这就是一种对学生自主与肖像权的尊重。除了国家立法保护学生之外，他们还非常注重细节的保护，如南澳州阿德莱德阳光非常强烈，他们要求学生进行户外活动的时候必须戴帽子，不遵守则会受到惩罚；活动区域分年级，高年级若跑到低年级范围，是要关禁闭的。为让学生避免一些不必要的伤害，学校教师不允许使用分配给学生的卫生间，教师跟学生联系时必须用学校的公共电话或邮箱，对学生进行一对一的辅导时必须得到家长和校长的同意，辅导时必须有家长或上司的陪同，若没有陪同则必须在公共场合（如图书馆）进行辅导。

在这里，学生得到了最大限度的保护，人格获得极大的尊重。学生们在轻松愉快的环境中学习知识，个性被极大地鼓励，同学间没有任何比较，没有所谓的好生和差生，最大限度地做到了人人平等。

幸福源泉之三：辛苦多才的教师

在澳大利亚要踏入教师队伍行列，大学毕业后必须再读两年教育专业，以保证教师足够胜任教育行业，故其小学教师多具有双学历、双学位或2～3项以上的特长。澳大利亚小学没有统一教材，所以要求每位教师都要具备开发教材、整合教材的能力。与此同时，澳大利亚小学教师皆属全科教师，一个班除艺术课（音乐、美术、体育）外，其他学科一周20节以上的课时量均由带班教师承担。在其小学校园，没有保安、校医，每天20分钟的茶歇、活动时间和午间活动都由3～5名穿着鲜艳马甲、带着急救箱及全校特殊学生卡片册子（册子上清楚地记录需要特别照顾关注的学生，如心脏病、过敏等）的值日教师巡查管理。可见，既为教师，需尽揽十八般武艺，吃得苦中苦。

幸福源泉之四：积极配合的家长

澳大利亚的家长非常积极参与学校的教育、教学活动，在参访学校或跟岗实践时，我们总能看见上学路上或放学时间，家长志愿者指挥交通的情景。课堂上也少不了家长的身影，如厨艺课、户外活动课时总有3～5个家长积极参与其中。家校合一，给孩子们创造了幸福的童年。

（三）自由自在的思想，规规矩矩的行为

在澳大利亚的小学课堂里，学生们的坐姿是各具个性的。听课时找到自己认为舒服的位置坐下，是坐，是趴，或抱着玩具，悉听尊便。尽管姿态各异，但他们非常安静，教师只需坐在椅子上轻声细语地展开教学。讲课之后的书写，学生可自由回到座位或是休息区，约上两三个伙伴一起写，也可以躺在玩具上进行，任君选择。教师随机巡视指导，整个教室看上去既灵动又安静。

在南澳省阿德莱德上校花园小学跟岗期间，校长助理临时召开了三年级年级会议，原因是家长反映有些孩子听了同学讲的恐怖故事后在家不敢上厕所。诸如此类大大小小的问题，他们总是及时处理，及时解决。令我们感到不可思议的是，三个班一起参与的年级会议，从集合到整顿完毕，全程不足两分钟。如此快速、安静，与之前貌似慵懒的上课状态形成鲜明对比。

在澳大利亚几乎没有学生破坏公物的情况发生，教室走廊的平板电脑和图书使用率非常高，但是保护得非常好，摆放也总是整整齐齐。校园中经常看到鸟儿在自由自在地觅食、悠闲地散步，从不见学生去伤害它们。生长在澳洲这片天地的学生，思想是自由的，行为是规范的。

（四）教学程序简单，给予学生充足的思维空间

就培训期间听的不下20节课而言，澳洲小学教师上课的流程较为简单。整个教学流程就是：①明确学习任务。②说说自己对这一知识点的了解。③进行个人创造或小组研讨。④学习成果分享。⑤当堂作业巩固。南澳州的学生们没有家庭作业的束缚，教师教学设计很简单，课堂感觉灵动、愉悦，学习更显轻松自如。盖因地广人稀，少层峦叠嶂与沟壑溪谷，多是成片成片的广袤碧绿草地，人们步入其中，绝美景色就映入眼帘，天地的蓝绿色调直面而对，一览无余，没有神秘感。灵动的课堂或许便是植根于这样的草地文化，看似单调，细细咀嚼，却沁人心脾、赏心悦目，给人更为广阔的思维空间。

我想教育的真谛是让学生成为更好的自己，既然澳洲教育能做到，我们一线教育者只要肯与时俱进、吐故纳新，假以时日，我们的教育亦能大放异彩。

三、海外培训之感触

感触之一：参访之学校到处可见中国元素，中国龙、中国结等遍布墙上，更有众多学校选择汉语作为外语课程。祖国越是强大，文化就越有穿透力，走出国门传播万里。作为一个中国人，我对此感到很自豪！

感触之二：正如南澳政府教育部长玛丽琳·斯立女士（Ms Marilyn Sleath）所说："没有完美的教育体制，每个国家的教育体制都是正确的，它符合这个国家的历史及文化背景，符合当地人们的要求及期望，同样能培养出很多优秀的人才。我们教育的共同目的是挖掘每个学生的潜能，让学生们找到更好的自己。出来学习的目的是拓宽视野、开发教学思维，慢慢找到自己认为不错的，符合学生们成长需要的教学方法，做优秀的教师及领导人。"无论是哪种教育体制，其目的都是给学生提供更好的教育，其真谛在于让学生成为最好的自己。做影响人和培养人的事业，影响人的生命态度，培养人的人格品质，让人聪慧，使人高尚，这就是我们共同的教育目的。

感悟之三："临渊羡鱼，不如退而结网。"既知不足，自当广见识、勤实践，将所见、所学、所悟铭记于心，落实于行，促进自己在专业上"向青草更青处漫溯"，满载学生的梦想在"星辉斑斓里放歌"。

纳百川，容学问，让教育在星辉斑斓里放歌

春意诗情谁与共？暖雨，微风。2019年4月，适逢暮春，得益于广东韶关学院省级中小学教师发展中心的统筹组织，与一众教育同行共聚中国教育殿堂——江苏南通，行走在温润残春，纳百川，容学问，试探教育之春，齐筑教育之美。

我已不想再用绵长的铺陈，即使再怎么出言有序，最终的最终，我的感悟也无法触及近日研修之精髓。但我还是感恩遇见这样一群教育者，在我漫长的人生里，让我甘愿接受教育原来有这样异乎寻常的情怀与意义。在我所不知道的地方和我所不知道的时间里，是怎样的执拗和坚持，才使他们不断追求发展下去？而这一切，都在他们坦然的目光里找到了解答。那些我们看不见的，他们内心的起伏与释然、积累和沉淀，只为教育之花更好地绽放！

丰硕的秋实，来自芳菲的春花；锦绣的教育，源于青春的焕发。美丽的教育之花，需要理想做它的种子，奋斗做它的土坯，汗水做它的养分。像所有那些我们经历的早晨，霞光万道，倾泻一地，面对满树繁花，我们在每一束和煦的暖阳中，呼吸着生命、自然的华美和光亮。南通的少年儿童在这片教育的沃土上，在美的情境中，在美的校园里，在美的课程浸润下，惬意地与美相遇，与意境同行，享书香滋润过快乐生活，受艺术拥抱度幸福人生。这样教育成长起来的孩子，必然青春闪光，风劲帆满海天阔，俯指波涛更从容。

走进情境教育衍生地——南通师范学校附属第二小学，耳之所听时时皆情境，目之所及处处皆情境，教育之情境无所不在、无所不包、无所不有，教

育者心之所向是对教育永无止境的追求。情境教育实施几十年以来，不断与传统文化相连，与时代脉搏同步，已在南通教育界生根发芽并辐射到全国，并在不断地推广和实践中得到进一步深化。此次听朱丽校长情境教育讲座及参观李吉林情境教育展览馆，加深了对情境教育的理念核心、改革变迁、课程构建等方面的认识，身临其境领略了情境教育"学、思、行、著"并进，"真、美、情、思"并行的魅力。这样顺应儿童发展的独特教育范式，实在值得广大教育工作者深入探究学习。但是，当模仿者兴冲冲地拿着这一个个优秀情境案例走向课堂，其实际的教学效果又会怎样呢？我们又该如何应对其中可能产生的"水土不服"问题？也许，我们不应该只看到这一模式的显著成果，还应该关注到它成功之下历经的困难坎坷，试着在借鉴中学会规避，从而在情境教育实践中少走弯路。如果南通师范第二附属小学这个情境教育发祥地能给学习者以更加具体可行的实操指引，更多情境教育课程的实际设计案例，或分享其发展改革中遇到的瓶颈历程，或许会给学习者带来不一样的探索思路，或可使情境教育加速走向全国各地，融合本土地域特色，越发枝繁叶茂，欣欣向荣。

身为人师，向上而行；教育花开，向美而生。在一步一景、移步换景的通州区实验小学山水校园，曲径通幽处，亭台水榭，山石堆砌，野草蔓生，百花次第争艳，林木郁郁葱葱，碧水相映成辉，处处可触自然的心跳，遍地诗、书、墨飘香，充满教育的诗意与哲学。有美丽的校园，便有美丽的课程，也就有儿童美丽的成长。校园，因构建、净化而闪光；童心，因培育、熏陶而发亮。通州区实验小学如闪光的金子，照耀着透亮的童心。向美而生，以美立美，立美育德，通州区实验小学为学生创造了美的教育世界。

勇登教育高地的书香之地，永远沐浴着知识的阳光。进取的智慧教育者，总把目光盯着下一步。与通州区实验小学校园、师生的亲密接触，石破天惊处，是对我过往教育理念难以磨灭的浸润与丰盈。该校以蕊春园自然、人文之美为依托和载体的美学校本课程的生成与开发，让师生拥有了沸腾的审美生活，也让每一次教育行为成为一种通往美的经历，让教育与美热切相遇。"向美而生"校园哲学的设定，使得蕊春园这个山水园林，不仅成为儿童栖身的乐园，更成为师生精神慰藉的家园。细数蕊春园一草一木、一砖一瓦，皆洋溢着灵动的美丽，仿若动人的画、抒情的诗、立体的书，赋予课程无穷无尽的资源灵感与材料。资源在身边，课程就在身边，《蕊春物语》便应运而生，教育与美的精彩，就在蕊春物与景与人的无缝衔接中融合、绽放，散发着自然和童年的味道。诸如菊、竹、野草等草木课程，以自然万物为主题的儿童诗写作教学，从蕊春物语起步的跨学科、跨边界全科教学，课程的宏观规划，适切而多元的开发，让儿童与自然建立密切联系，从狭义的蕊春园进入广义美的自然世界，在学会欣赏、拥有智慧、走向创造的过程中，与自然和谐共处。

物质滋养人的躯体，精神滋养人的心灵。借此研修之行，我希望以我所学，借南通教育之东风，吹拂粤北山区的受教育者，让家乡韶关翁源的儿童在千年花果之乡的人文诗意及我校"兰雅文化"的润泽下，亦能习得花果之香、花果之气，以兰雅行，以兰怡情，成就教育理想之雅、情操之雅、德行之雅。

无论是情境教育，还是"向美而生"的教育哲学，都是教育的一种审美体验。情之美，境之美，春风化雨，教育就像风一样没有痕迹，却又像风一样有力而不可抗拒。教育东风一吹，草木皆绿，百花齐放。我愿纳百川，容学问，学得文武艺，货于千万家，关注学生们的生命成长，与学生们一起在小语的天空中追梦翱翔！

第五章

回看经行处，点点淡墨痕

与学生谈话，反思作业布置合理性；分析学生成绩差异，反省教学方法；回首"江浙沪"考察，深思小学生语文素养地区差异缘由；在本土资源开发中分析小学语文教学革新途径。

快乐作业伴我行

——探究低年级课外作业设计

某天早上，我不经意间听见几个背着沉重书包艰难爬楼梯的学生在议论："唉，昨天晚上作业真多，写生字、抄课文，我头都没抬，一直写写写，手都要断了。""我更惨！边打瞌睡边做作业，写得乱七八糟，都不知道自己写了点儿什么。""上课做，回家后还要不停地写呀！写呀！烦死了，老师真变态……"

作为一名人类灵魂的工程师，听到这些几岁孩子的议论，我的内心很是不安。作业，对学生来说，可加强巩固所学知识；对教师来说，是反馈教学效果的重要手段，如今却成了天真烂漫孩子沉重的精神"枷锁"。烦琐的抄写练习，不仅耗去了他们许多宝贵的自由时间，而且导致厌学情绪产生，严重影响学生身心健康发展。怎样摆脱这种困扰，让学生把课外作业当作一种乐事呢？经过不断借鉴学习、摸索实践，我设计出以下几种作业形式，以期转变学生的抵触心理。

一、查一查，找一找，拓宽知识面

课本知识量毕竟是有限的，而学生们的求知欲望是无限的，为达到巩固理解课本知识，满足学生求知欲的目的，可布置学生回家借助网络、有关书籍、询问父母等方式查找与课文有关的学习资料。

例如，在教学S版第四册第16课《能干的钟点工》一课后，我提问学生：

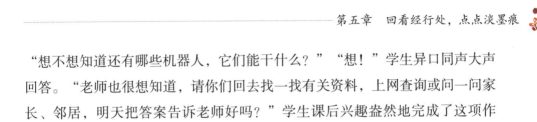

"想不想知道还有哪些机器人，它们能干什么？""想！"学生异口同声大声回答。"老师也很想知道，请你们回去找一找有关资料，上网查询或问一问家长、邻居，明天把答案告诉老师好吗？"学生课后兴趣盎然地完成了这项作业，组织交流反馈时，投入之热情让我大开眼界。

二、讲一讲，演一演，培养口头表达能力

复述是语言训练的重要途径。布置学生回家把课文内容当作故事讲给父母听，或把有关课文改成快板、剧本演给父母看，或邀请父母一起自排自演等，同样可达到加深理解、积累优美词句、锻炼写作能力、扩大知识储备的目的。

《找不到快乐的波斯猫》是一篇生动的童话故事，在学生充分理解后，我布置他们回去把这个故事讲给父母听，并邀请父母与自己演一演。在家长的配合下，学生的口头表达能力得到锻炼，当其进步受到父母表扬鼓励时，他们乐在其中，形成良性循环。

三、想一想、做一做，在实践中感悟

实践出真知，这是不可否认的真理。低年级的学生好奇心特别强，因此在课文学习前或学习结束后，可引导学生运用课本知识动手操作，在实践中获取知识，在实践中理解感悟，这比抄十遍、二十遍课文强。

例如，在学习了《自己试一试》后，我布置学生回家也像伊伦娜那样自己试一试，看看答案是不是和她的一样，再想一想科学家伯伯的话，把自己的感受用一段话写下来。如此一来，学生们不仅弄懂了其中蕴含的道理，还增强了对科学的兴趣。

四、画一画，扩一扩，培养想象力

形象思维活跃是低年级学生的特点，亦是优势。有些课文甚是有趣，可让学生在课后根据所学内容画一画，或者对课文故事加以想象再扩写、续写，这些都是加深学生理解，培养学生想象力的好方法。

例如，在学习完古诗后，可让学生按照诗句内容为古诗配上相应的图画，从而进入诗的意境，更好地领会到诗的情感。再如，教学S版第四册《假如》

一课后，让学生回家以"假如你有一支马良的神笔，你想给谁画些什么"为题，将这首儿童诗歌再扩写。学生一旦展开想象的翅膀，就会给人意想不到的惊喜。

五、录一录，评一评，增加背诵的趣味性

低年级的课后作业中有相当数量的背诵任务，要完成这些作业，对于七八岁的孩子来说有一定压力，是苦差，单凭课内完成不是很现实。为保证课外完成质量，我布置学生在家长的帮助下录下自己所背课文，可配上自己喜欢的音乐增强趣味性，同时根据标准（语速、情感、积极性）等评比，被家长判定为优秀的作业可在班上展示播放。在教室播放优秀作品，既是学生互相学习的好机会，又能激发学生背诵的兴趣。至此，好胜心强、好表现的学生自然将作业当作"乐事"来完成。

经过实践，这些七八岁的小可爱爱上了课外作业，许多学生还在小日记中记录了不少完成课外作业的快乐过程。这样既达到了巩固已学知识、反馈教学效果的目的，又给予了学生们快乐，何乐而不为呢？

小学语文分层作业设计促进班级整体优化的探索

　　我们的教育对象是一个个独一无二的有生命的个体，同一个班的学生年龄虽然相仿，但是由于主观、客观、先天、后天的影响，学生与学生之间在智能、兴趣、爱好、个性特长，以及发展方向、速度等方面都存在差异。传统的作业布置，基本上是千篇一律，要求学生在一定的时间内完成同一内容，期望每一个学生都能达到同一目标。发展性教学理论认为"差异是一种资源"，而承认差异、尊重差异，更应成为我们语文教学的一个重要理念。在教学实践中，我们深深体会到布置"一刀切"这种形式作业实在弊多利少。把作业布置得浅显，优等生感觉"吃不饱"，能力得不到发展；把作业布置得有深度，学困生则感觉压力大"吃不下"，甚至养成懒惰、拖拉的习惯，日渐对学习失去兴趣，产生厌学心理。

　　为了让每个学生在自己的基础上得到最优的发展，我们必须认清传统作业布置存在的问题，真正做到面向全体学生，改变"你有我有全都有"这种"一刀切"的老式方法，既不丢掉差生，也能兼顾尖子生的发展，使每个学生都学有所得，学有所成。根据各个层次学生的特点，在课程标准的指导下，可分别安排不同的教学内容，提出不同的目标，使学生各得其所。优等生在完成课程标准规定的学习内容的基础上，充分发挥其特长，或可向更高发展水平迈进；学困生在教师指导鼓励下通过积极主动地学习，掌握一些较基础的知识，树立自信心，学习兴趣得到提高，收获成绩进步。分层作业着眼于全体学生的可持续发展，力求调动每一个学生的积极性，让每个学生在适合自己的作业中都取得成功，获得轻松、愉快、满足的心理体验。

我所在小学虽属县城学校，但地处城乡接合部，近几年涌入大量农村留守儿童就读。这些由爷爷奶奶照顾或寄养在亲戚家的留守儿童，家庭教育严重缺席，与其他学生相比，学习差异性越来越明显。（见下表）

不同类型学生学习差异性

学生类别	大概人数	所占比例	具体表现
A类	11	22%	上课专心听讲，有刻苦钻研的精神，积极回答问题，学习能力强，效率高，作业字迹漂亮，正确率高
B类	25	48%	有一定学习基础，学习不够主动，缺乏钻劲，遇到困难易动摇，爱放弃。知识掌握不够扎实，但能在监督、引导下完成课堂作业，存在写错字、答题不全等现象，思维性作业则显得呆板
C类	16	30%	意志薄弱，惰性比较严重，知识基础差，学习能力弱，效率低，作业书写字迹潦草，经常不按时完成作业

以第一次单元测试为例，我班达到优秀的人数只有7人，占13%，不及格人数21人，占48%，其中30分以下13人。面对这样的现状和成绩，我不禁行思坐想：如何让不同成绩的学生最大限度地发挥他们的潜力，逐步缩小差距，达到班级整体优化呢？反复思考后我提出了《小学语文分层作业设计促进班级整体优化的探索》这一实验课题，并获得了广东省教育科学研究立项。两年的实验收获颇多，有效地促进了班级整体优化。

一、让学困生找到自信，逐步提高成绩

针对学困生，布置新课文课前预习，只要求其把课文读正确、读通顺；课后复习作业则以字词复习类为主，以弥补其字词掌握的缺陷。作业的布置坚持以基础为主，减少眼手耳协调能力较差学生的书面作业量，从较低要求开始，让学生"跳一跳"就可摘到"果子"，"品尝"成功的"滋味"，然后再加大力度，让学生"拾级而上"，最终到达成功的"巅峰"，从而顺利完成预期设定的整体目标。课代表汇报"老师，作业齐了"无疑是教师最欣慰的事儿。

学生小陈的家长在调查问卷中写道："我儿子从小干什么事都'慢半拍'，上学后常常完不成作业，需要我监督辅导，但效果不明显，还是只能考低于5分的成绩。因为老师的批评，同学的耻笑，三年级时他产生了严重的厌学情绪。读四年级后，吴老师根据实际情况给孩子布置作业，他能像其他同学一样按时完成作业，得到老师表扬的他因此更积极了，成绩慢慢提高，现在能考30分左右，作为家长我真的很高兴。"适度适量的分层作业设计减少了学困生的学习挫败感，教师的赞许和同学的认同，增加了其成功的体验，促进了其学习自信心形成。期末考检测时，我班不及格学生人数减少至2人，分层作业设计成果甚为可观。

二、让优等生有广阔的空间，更好发挥潜力

对于优等生在生字新词的学习，允许其在做作业时以听写代抄写，减少抄抄写写的机械作业；在学生掌握课时学习内容的基础上，布置提高和拓展作业，鼓励学生在更高层次学习中创新、积累，以获得独特体验。例如，在教学S版四年级上册第27课《虎门销烟》一课时，我给优等生布置了三项预习作业：①结合上下文理解"赞不绝口、水泄不通、垂手恭听、惊心动魄、自投罗网、欢呼雀跃"等词语意思；②通过上网搜集资料，了解林则徐以及虎门销烟的背景；③读罢《虎门销烟》，我想说：＿＿＿＿＿＿＿＿＿＿＿＿＿＿＿＿。

在日常教学中，优等生常常表现为时间过剩，精力充沛，要想更好地发挥他们的潜能，就要善于引导他们有效地利用过剩的时间，让充沛的精力有用武之地。他们在日常的练习中已扎实掌握了基础知识，形成了解题的技能技巧，如果再让他们重复性进行一些简单练习，只会使他们失去学习的动力，不利于他们更好地成长。因此，我比较注重在课后复习作业引导优等生阅读与教材有关的文章，借由大量的阅读，让优等生的写作能力进一步提高，使优等生更优。分层布置作业，对学生的成长将大有裨益，就好似给他们注入了前进动力，使他们在挑战中学习，感受超越自我的无穷快乐。

三、让学生的个性得到极大的张扬

由于分层作业的分量、难度适宜，选择自主，完成的时间灵活，不同层

次的学生完成作业不再有困难，无疑激发了学生完成作业的乐趣，学生在完成作业的同时既感到轻松愉快，又扎实掌握了知识技能，这样的语文作业，让我们的学生成为作业的真正主人，每一份作业都彰显着他们的与众不同，每一次作业都能让他们个性飞扬。分层作业设计，让优等生、特长生从繁重的作业中解放出来，空出更多时间去学习自己喜欢的东西，如李钰莹、罗千里同学投入钢琴、舞蹈练习的时间更多了，技艺不断进步，多次在县、市比赛中取得好成绩；陈晨蕊、刘思茜、陈萍等同学由于增加了阅读课外书籍时间，知识面广了，写作能力更强了。陈晨蕊同学被评为2011年度市朝阳读书积极分子，陈萍、刘思茜同学在第十四届"语文报杯"全国小学生作文大赛中分获省级特等奖和二等奖。

四、为学生提供个性化学习需求，形成良好的学风

"学生是学习和发展的主体。"教学中要"注重学生自主学习的意识和习惯，为学生创设良好的自主学习情境，尊重学生的个体差异，鼓励学生选择适合自己的学习方式"。要使学生的个性得到张扬，创造能力得到释放，使"学生是学习的主人"这一理念得到真正的体现，教师就必须在"自主"上下功夫。每一次布置作业我都采用"作业超市"的形式让学生自主选择，如在教学S版五年级上册第7课《海上日出》一课后，我设计了作业：

（1）抄写课文中的词语1~5遍。

（2）挑选课文生字进行"词语开花"练习。

（3）请你模仿本文的写法，按时间顺序写自己的一次经历或写一处景物的变化，注意运用表示时间的词语。（以上作业，有基础的，有动口的、动脑的，学生自选适合自己的题目完成）

这样的作业，由易到难，层层递进，给学生一个选择的空间，能力强的可迎难而上，能力弱的择易而入手。当学困生掌握的语文基础知识有了提高时，及时激励，肯定他们的点滴进步，让他们产生一种积极向上的力量，调动他们学习的积极性，引导他们逐渐选择高一层次的作业。喜欢挑战、不服输是小学生的天性，学生在自己的最近发展区跳一跳摘到"果子"，班里往往形成"前面的往前冲，后面的往前赶"的竞争氛围，这种良性氛围对上进的学生来说是

一种动力，将促使他们增强学习的主动性和积极性，对那些处于中下游的学生也是一种促进，他们在不知不觉之间便置身在这竞争的氛围中，能力与日俱增。

"教者有心，学者得益。"在分层作业的探索中，我坚持做到细心、耐心，时刻谨记保护学生们的自尊心，激发他们的自信心。虽然量体裁衣地布置作业花费的时间将更多，但当学生不再视作业为负担，个性得到充分的张扬，每个学生感受到学习的快乐和成功的喜悦时，这一切就都值得。在自主学习、自主钻研的舞台上，优等生冒出来了，中等生上进心强了，学困生自信、进步了，每一个学生的学习热情得到激发，每一个学生的潜能得以挖掘，便可实现班级整体优化。

新型玻璃第二课时教学设计

【教学目标】

（1）通过新型玻璃的自述，进一步了解它们的特点和作用，体会运用说明方法能把事物介绍得更加清楚。

（2）在课堂练习中运用说明方法写（说）出新型玻璃的特点和作用，提高表达能力。

（3）在交流中展开丰富的想象，有探索科学、创造发明的兴趣。

【教学重难点】

领悟作者的表达方法并学习运用。

【教学过程】

（一）练习自述，体会方法

（1）上节课，我们认识了很多新型玻璃，它们都是谁？

（学生报名字）课文在介绍它们的时候，先写出这种玻璃的——（名称），再写出它们的——（特点和作用）。（师板书：名称　特点　作用）

（2）你们在生活中见过这些新型玻璃吗？有什么方法可以让更多的人了解它们呢？（生自由说）这些方法都很好。老师也想到一个方法，想在咱们班开一个新型玻璃展销会，把这些玻璃推销出去。

下面就请同学们来当这些玻璃的代言人，把自己当成一种新型玻璃，结合课文的内容，把自己的名称、特点和用途介绍清楚，看看"哪种玻璃"最会推销自己。

（出示练习）大家好，我是（　　）玻璃，很高兴参加这次的新型玻璃展销会。（以下结合课文内容介绍特点和作用）。先自己说一说，再跟同桌交流。

（3）指名学生交流（随机点名三种新型玻璃），评议，点拨。第一个学生讲完后，师示范点明：把名称特点作用介绍清楚了；用了×××说明方法……再指名说。师：他介绍得怎么样？谁来点评一下。

（4）师小结：看来，要想把自己介绍得更清楚，除了讲清名称、特点、作用外，用上一定的说明方法也很重要呢！

（二）拓展延伸，感受方法

（1）听到这么多新型玻璃都在推销自己，有一种新型玻璃也迫不及待地来了，听听它是怎么介绍的——

（出示"材料"）大家好，我是"可钉钉玻璃"，采用了硬质合金这种特殊的材料。我可不像普通玻璃那样脆，钉子一钉就容易碎，我的断裂应力是普通玻璃的两倍以上，你可以放心地在我身上钉钉和装木螺丝，完全不用担心我会破碎。你可以把我安置在房间的任何地方，在我身上装你想装的任何东西！喜欢我吗？我可是玻璃家族中一颗闪耀的"明星"哟！心动不如行动，赶快来买吧！

（2）指名读，思考它的名称、特点、作用。

（3）师：这种玻璃在介绍自己的特点时用了什么说明方法？

（显红句子）生说，师板书：作比较。

（4）师：还有哪些地方值得学习？（与众不同的表达）加上独特的语气会让大家的印象更加深刻。

（三）课堂练笔，运用表达

（1）这些新型玻璃确实给我们的生活带来了很大的便利，特别是在现代化的建筑中，新型玻璃正在起着重要的作用。课文的最后一段是这样写的——

（出示语段）在现代化的建筑中，新型玻璃正在起着重要的作用。在新型玻璃的研制中，人们将会创造出更多的奇迹。

（2）齐读。

师：未来的小发明家们，你们想要创造奇迹吗？（想）好，今天在这里就发挥你们的奇思妙想，设计出更多更好的新型玻璃，来参加未来的新型玻璃展

览会吧!

（3）这是未来新型玻璃展览会组委会发来的邀请函，赶紧来读一读吧!

（出示"邀请函"及要求）未来的小发明家：你们好! 我们是未来新型玻璃展览会的组委会。希望你带上你的发明和推荐书来参加展览会，为科技事业的发展贡献一分力量吧! 请你在推荐书中写出你发明的新型玻璃的名称、特点、作用等内容，可以直接介绍，也可以把自己当成这种玻璃用自述的方式介绍。记得要用上一定的说明方法，也别忘了加上几句精彩的语言推销自己哟!

（4）师提供推荐书格式，生练写，师巡视发现有特点的作品。

（5）交流点评，学生读推荐书评议。这份推荐书有什么地方值得你学习? 还有哪些不足之处吗? （引导从表达通顺、名称特点和作用三个方面，说明方法、独创的语言几个方面来评议）

（6）通过刚才的交流，你觉得怎样修改自己的推荐书更好? （生交流）师引导总结。

出示课件:

A.写清楚新型玻璃的名称、特点、作用;

B.运用一定的说明方法介绍得更清楚;

C.加上有创意的语言推销产品。

（7）下面就请同学们按以上三个要求，再认真改一改自己的推荐书。（生修改）

（8）再交流提升。出示学生修改后的推荐书，说说自己哪些方面作了修改，朗读展示推荐书。

（9）师总结：同学们，科学发展历史证明，不怕做不到，就怕想不到。你们今天想到的这些新型玻璃，相信不久的将来就会出现在我们的生活中。生活需要创造，愿你们在以后的学习生活中创造更多的奇迹!

（四）作业超市

（1）抄写课文中的词语1~5遍。

（2）挑选课文生字进行"词语开花"练习。

（3）用"尽管……还是……""如果……就……"写话。

（4）争当"小发明家"：读了这篇课文，你还想发明什么样的新型玻璃，或者新型房子、桥梁、道路、汽车……把想法写一写。

（5）争当"优秀推销员"：任选文中五种新型玻璃中的一种进行销售，用自己的话夸夸玻璃的特点和作用。

（请自选适合自己的题目完成）

板书设计：

新型玻璃

名称	特点	作用
夹丝网防盗玻璃	自动报警	防盗
夹丝玻璃	坚硬安全	不伤人
变色玻璃	调节光线	调节室内光线
吸热玻璃	阻挡寒暑	房间冬暖夏凉
吃音玻璃	消除噪声 减少噪声	保护环境

附：

A组学生作业

B组学生作业

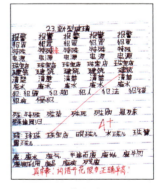

C组学生作业

小学生语文素养地区差异之缘由

2019年5月9日至5月21日，我参加了广东省中小学新一轮"百千万人才培养工程"第二批小学、幼儿园名教师培养项目，赴江浙沪（第三次集中）培训。此次培训学习除了聆听专家讲座外，更多的时间是到浙江省杭州市、上海市、江苏省南京市三地标杆学校考察学习（学习办学理念、课程建设、校园文化建设）和进入名师工作室跟岗（备课、说课、磨课、上课、评课）。这次培训学习让我感触最深的是，粤北地区学生语文素养与江浙沪三地所考察、跟岗学校学生语文素养差距甚大。江浙沪三地学生良好的书籍阅读习惯，娴熟的语言表达技巧，非凡的文学欣赏能力，是粤北山区学生无法与之相提并论的。

什么是语文素养？用叶圣陶老先生的一句话来理解就是："国文教学的目标，在养成阅读书籍的习惯，培养欣赏文学的能力，训练写作文字的技能。"《语文课程标准》中如是论述："语文课程应激发和培育学生热爱祖国语文的思想感情，引导学生正确地理解和运用中国语文，丰富语言的积累，培养语感，发展思维，使他们具有适应实际需要的识字写字能力、阅读能力、口语交际能力。语文课程还应重视提高学生的品德修养和审美情趣，使他们逐步形成良好的个性和健全的人格，促进德、智、体、美的和谐发展。"

导致语文素养地区差异，除社会教育环境、家庭教育环境的影响之外，还跟学校校园环境建设、学校人文环境建设、学校教育理念、学校教研氛围的差异有密切的关系。

一、校园自然环境建设差异对小学生语文素养的影响

校园环境建设属于校园文化建设，它不仅符合"新课标"的要求，还对学生有潜移默化的作用，能够启迪思想，陶冶心灵，发展个性，促进学生语文素养的全面提高。校园环境建设主要包括校园自然环境和校园人文环境，具体表现为建筑、雕塑、碑文、墙面、图书馆、小园的"命名"，校史陈列馆，具有文化气息的长廊，教室的布置等。

江浙沪三地的小学都十分重视校园环境建设。上海市静安区第一中心小学由著名教育家陈鹤琴设计并创建（1930年），是其"活教育"思想的实践基地。走进校园，盛开在校道两旁五彩斑斓的鲜花，青砖、红墙、白顶、欧式罗马柱的建筑，典雅清新又不失活泼，彰显着校园独具匠心的秀丽。精心构建的校园令人交口称赞，"现代小公民"更让我们这些"大孩子"流连忘返！走进"现代小公民楼"，一楼"五谷丰登"功能室内，琳琅满目的食物模型，精致典雅的小餐厅，功能齐全的现代化厨房尽收眼底。二楼和三楼则是"宇宙星空""恐龙世界""同心画苑""机器人工作室"等功能室。"哈哈哈！"一阵充满童真的笑声将我们吸引到了"探索地带"功能室。瞧！空气控制音乐琴、人体肌肉显示机、龙卷风观察瓶……我们这一群"大孩子"瞬间被里面的新奇设备深深迷住，纷纷跃跃欲试，久久不忍离开。这些功能室对我们这些四五十岁的"大孩子"来说尚且具有如此魅力，更何况是对万事万物充满好奇的小学生！"现代小公民楼"俨然就是一个缩小版的现代社会，学生在这里学习技能、礼仪、与人交往的能力，获得全面的情感体验和生存本领，这是一份更长远的人文精神的培养。环境造就人才，如此美好的环境为小学生的语文素养培养搭建起良好的平台。

"墙壁文化"建设是校园文化建设的一种，开展"墙壁文化"活动既符合"新课标"精神，也符合语文教学的实际。杭州市学军小学非常注重墙壁文化的布置，学校的教改纲领"整体观念、主体思想、个性发展、和谐关系"便刻在墙壁上，其左侧是师生的誓词："我是学军人，我爱我的学校；我是中国人，我爱我的国家。我们要学会自律，分享自由，实现自觉。"学军小学每层楼的墙壁上皆有不同主题的学生作品展示及科普知识、历史回顾等，如艺术楼的墙壁上满挂学生的创意作品。学军小学通过对墙壁文化的合理利用，较为有效地补充了语文课堂教学之不足，为学生提供了更多的语文实践机会，切实提高了学生语文素养。

二、校园人文环境建设差异对小学生语文素养的影响

刘国正先生指出："语文譬花果，社会乃其根。土沃椒兰茂，源开江海生"。学习语文，课堂教学当然是主阵地，但不是唯一的阵地，我们要树立大语文的观念。生活是语文之源。无论怎么解释语文，它都是在生活中产生和发展的，在生活中学习和运用的。要提升学生语文素养，我们应该确立先进的教育理念，树立大语文教育观。语文课不能仅仅局限于文本内容，还要选择与生活息息相关的政治、经济、科技、文化等大事或反映学生生活中身边的小事来学习。从方法上可开展丰富多彩的活动去进行，如演讲、讲故事、朗读、排话剧、搞社会调查、参加义务劳动等。从途径上，可以从课堂走出去，与家庭、社会这种大课堂结合起来，开阔视野、陶冶情操，从而切实提高学生的语文素养。杭州星洲小学开展的多元阅读，有站在学生角度的"童心阅读"，有请家长配合进行的"亲子阅读"，有舒适环境中的"漫阅读"，有百分之百参与阅读、自由达标的"百分百阅读"，还有"走班式阅读"等。

我们在语文教学中应着眼于学生的终身发展，注重学生学习习惯的养成和思维品质的培养，以活动促使学生去认真阅读，积极研究，积累营养，才不至于让学生"陷入与文化根基断裂的危险"之中。教师要想办法让学生喜欢祖国的语言及经史子集，带领学生扎扎实实走好语文学习的每一步，让学生对我们的民族语言产生深厚的感情。读书有鉴别，学语文有"灵气"，写文章有个性，如果语文教师能为学生打下一个"精神底子"，也就能放飞学生明天的梦想。当我们的语文教学真正激发了学生的探索欲望，学生语文素养的培养就会落到实处，学生有了坚实的语文素养和自由宽广的语文学习空间，语文教学改革才会有光明的前景。但愿学习语文成为教师和学生普遍感到快乐和轻松的事情，大家勇于走出教材，进行扩展阅读，多实践，共同提高语文核心素养。

三、学校教研氛围和教师素质差异对小学生语文素养的影响

于漪老师有言："语文教育质量说到底是语文教师的质量。要造就合格的优秀的语文教师，必须下功夫提高教师的素质。"培养高素质全面发展的人才，就要求教师有较高的素养。作为语文教师，必须具有较深的文化底蕴，从知识、技能、道德、情操等诸多方面影响学生，把学生培养成德才兼备的优秀人才。所到江浙沪三地考察之学校，甚是巧合，其校长皆是"语文人"，是语文教学的领军人物，她们非常重视营造浓郁的语文教研氛围。在杭州我们聆听她们亲上示范课，一起畅谈语文教学的点滴注意事项，发现三地的语文教师大抵具有以下三个突出特点：

1. 具有扎实的文学功底

"语文"指语言文字的知识与文学常识，不仅仅是指对课文字词句段篇的认识。语文教师应当成为"语文的化身"，掌握一定的古代汉语、现代汉语、文学理论的基本知识，具备准确地把握各种文体的能力。譬如，面对一篇童话，语文教师首先要知道童话文体概念，再基于童话体裁设计教学。童话课应该上出童话的味道，诗歌应该上出诗歌的感觉，散文要有散文的特色。这正如美术中的素描课，教师的课堂要有素描课的特点，而不能使用画油画的方法来教学。不同的文学作品应采用不同的格调来设计课型，讲《荷塘月色》那样文质兼美的散文绝不能等同于《赤壁之战》那样历史背景的了解、人物形象的分析与场面描写的欣赏。基于文本的文体特点来体会文本表达的特点，是需要教师深思和加强的。唯有如此，语文课才能真正说得上独具特色，不至于温温吞吞，任由别人冠以似是而非的评说。如此，语文教师也就具备了语文的专业性。

2. 具有丰厚全面的文化知识

一位有魅力的语文教师，知识不但要"渊"，而且要"博"，不但要有扎实的专业知识，而且要了解相关的学科知识，如政治、历史、音乐、社会甚至美学等，以及理科的一般性知识，要晓天文、通地理，这样才有可能在新课标、新角色面前站稳脚跟，才能在教学中游刃有余。作为语文教师，最受学生敬佩的应该是其学识修养。一位学识渊博，能够谈古论今，引经据典的教师，

也一定有着丰富的学科知识和其边缘学科知识。

3. 具有高层次的教育科研能力

教师只有在教育实践中开展教育科研，在实践中勇于探索，才能使自己的教育经验提升为科学的教育理论，才能由单凭经验向依靠理论过渡，从而认识、掌握和运用教育规律，提高教育质量。在日常教学中，语文教师要树立科研意识，不断提高思考力、感悟力，不断提炼新见解、新观点，提高自己的学术水平和教育智慧，逐步成为开拓型、创造型、研究型的教师。

只因有差距，才更需努力奋起。正视差距，加大资源投入力度，构建自然和谐校园，创设书香人文环境，方能让学生在春风化雨之中，习得良好的书籍阅读习惯，掌握熟练的语言技能，拥有非凡的欣赏文学的能力，将语文核心素养的培养贯彻到实处。

附：

习作教学设计《我喜欢的一则格言》

【学情分析】

五年级第二学期大部分学生已经能够读懂写作要求，自己分析写作要求，能从中抓住重点，从而筛选写作内容。对于本次习作内容格言已悉知，一般学生都能随口说出一两句格言，但通过事例表现自己喜欢的格言给自己的教育这样的作文学生还很少接触。

【教学目标】

（1）通过习作指导，激发学生的习作兴趣。

（2）选择自己最喜欢的一则格言，通过具体的事件来体现这则格言对自己的启发和教育。

（3）训练学生合理安排详写和略写的内容。

（4）修改自己的习作，提高修改能力。

【教学重难点】

通过具体事例体现这则格言给予自己的教育，合理安排详写和略写的内容，既是本次习作的重点又是难点。

【教学过程】

（一）讲故事，创设情境导入

（1）（配音乐）美国乡村的一个小男孩，在一个偶然的机会听到一个演讲家的演讲，他立刻被这个演讲家精彩的语言、雄辩的口才深深地吸引，于是他立志当一名演讲家。可是他笨拙的外表，破烂的衣服，少了一根食指的左手，特别是他极差的心理素质让他连续十二次的演讲都是在别人的哄笑声中走下台的。于是，他想到了放弃。而就在这个时候，他读到了一则格言（课件出示）——"人生没有绝对的成败，除非你不再尝试。"这句话让他如梦初醒。于是他遵循着再试一次的原则开始了不懈的努力，最后他终于取得巨大的成功。他就是美国最有名的人际关系学家、心理学家，被誉为二十世纪的人生导师：戴尔·卡耐基。

（2）同学们，你们从这个故事中获得了什么信息？一句格言改变了卡耐基的人生。其实在我们的现实生活中，一句有劝诫意味改写人的一生轨迹的话有很多很多，这样的话就是格言。你们对格言是怎么认识的？它跟谚语有什么区别呢？（谚语是人民群众在长期生产、生活实践中集体创造的，无法找出作者；格言是名人或具有较高文化素养的人说的话，作者确定，可以查到出处。谚语的内容，大多是具体生产、生活经验的总结；格言则侧重树立人们正确的世界观、人生观，陶冶高尚的道德情操。所有格言的内容都应该是积极向上的，如果是消极的，便不能称为格言。其特点是，格言的内容积极向上；格言是聪明人的智慧，老年人的经验；格言是可以作为人们行为规范的言简意赅的语句；格言语句短小，可以独立用来表达思想；格言含有教育意义）

（3）格言伴随着我们成长，有时它是前进中的路标，有时它是打开心灵的一把钥匙。那么，在你的生活中哪句格言也曾助了你一臂之力？说说自己最喜欢的一句格言，为什么喜欢它？和同桌交流一下。

（4）谁愿意说说？

（二）明确要求，指导审题

（1）师：认真审题，是我们写好文章的前提。请同学们认真读一读大屏幕上的这段话（习作要求），想一想，你从中捕捉到了哪些习作信息，同桌互相交流。

（2）出示习作要求并指名读。（结合自己平时搜集的名言警句，找一句对自己启示最大的，并说说为什么喜欢这句话，联系生活实际，选取典型事例来说一说这句话对自己的启发或帮助，所举的事例要紧紧围绕所选格言。在写的过程中立意要新，要注意把事情的经过讲清楚，详略得当，把得到的启示说明白，要将自己的感受、想法表达出来，具体生动）

教师板书：

喜欢的格言　（为什么）

具体事例　　（有代表性）

感悟　　　　（真情实感）

（三）指导选材

（1）师：同学们，关于巧妙选择材料的重要性，之前老师也跟大家交流了很多，具体到这篇习作我们要如何选材呢？请大家积极参与下面的活动。

（2）出示格言和图片请学生考虑选择。

（3）进行啄木鸟医生治病游戏。

（4）小结：选取事例要注意什么？（所选的题材都要围绕自己所选的格言，所举的事例也要紧紧围绕那则格言，做到格言是题眼，事例要更有力地说明这则格言对自己人生的帮助或者启示）

（四）指导布局谋篇

（1）指导拟题。

① 指导学生审题。

② 一篇文章有新颖的题目，更能吸引读者的眼球。所以要紧紧围绕文章的主要内容，给文章一个新颖的标题，这一点很重要，如《通往广场的路不止一条》。

（2）指导开头结尾。

（3）指导写事。所以在写的过程中，格言要让人一目了然，事例要详细地叙述。比如：

① 你写读书方面的名言，就要围绕自己读书的事例来写，自己窃读的经历，读书中的如痴如醉，得到知识后的那种快乐，种种感受都可以成为这则格言的有力说明。

② 在写重点地方时，尽量做到事情的经过要具体地叙述，甚至有时还可以加入自己的想象，用上积累的好词佳句。

③ 感受也在其中。作文的过程就是自己内心世界表白的过程，所以在叙事过程中，自己的感受、想法、喜怒哀乐，都可以融入其中，一份感受一份情，只有这样才会打动读者。

④ 详略得当。一篇作文，要有详有略。对于所选题材，与中心有关的主要部分要详写，起陪衬作用的要略写，无关的则不写，这样才会让读者越读越想读。

（4）小组之间交流。（课件出示："大家一起来交流。"）

要求：先说说自己最喜欢的格言，再说说是怎么理解的，最后还要联系生活，通过事例来说说对自己的启发和帮助。说的时候，尽量不要和别人的重复，说出自己的个性。

（5）展示自我：小组推荐代表在全班交流，然后师生评议，同学不仅说出好的方面，还要说自己听后的启发。也可以在听的过程中给发言的同学以不同的提示。

（五）范文引领

（1）老师也有喜欢的格言，大家看老师喜欢的格言是什么？（通过什么事说明我喜欢它，受到哪些教育和启示）

（2）出示范文（出示几篇作文让学生比较写作的优缺点）。

（3）学生交流。

（4）师强调：写的是一件事，写事的经过就是详写的部分，如果要用几件事来表达，最具代表性的要详写，其他的事可以略写。

（六）学生习作

展示学生习作。

（七）总结

其实啊，作文并不难写，你写的就是你心里所想的，把你心里所想的写出来，做到了"我手写我心"，就会得到别人的共鸣。

板书设计：

我最喜欢的一则格言

喜欢的格言（为什么）

具体事例（有代表性）

感悟（真情实感）

格言资料库：

（1）世界上比海洋更广阔的是天空，比天空更广阔的是人的胸怀。

（2）读一本好书，就像交了一位益友。

（3）书籍是人类进步的阶梯。

（4）抓住今天，尽可能少地依赖明天。

（5）细节决定成败。

（6）世上无难事，只要肯攀登。

（7）黑发不知勤学早，白首方悔读书迟。

（8）骄傲是失败的开头，自满是智慧的尽头。

（9）虚心使人进步，骄傲使人落后。

（10）学问多深也别满足，过失多小也别忽略。

扎实、快乐地徜徉在纯真语文的乐园中

——执教语文二十年反思与体会

1998年金秋,我拿起语文课本踏入教坛,当时有三十多年语文教学经历的父亲叮嘱我要做一个好教师。他的一段话我铭记于心,他说:"如果说童年是一本书,那么快乐就是书中最精彩、最难忘的一页,让快乐陪伴着学生吧,学生们需要你带给他们快乐,你也需要他们带给你快乐,让学生扎扎实实地学语文,你会更快乐。"

回顾这二十年的小学语文教学历程,从上课怕到发抖的黄毛丫头到南粤优秀教师、广东省新一批"百千万名师工程"名教师培养对象,从懵懂的农村教师到广东省名教师工作室主持人,这一路充满了艰辛和挑战,也收获了成长的幸福。让山区的孩子扎实、快乐地徜徉在语文的乐园中是我这二十年来的追求。

一、扎实、快乐教学中我的做法

扎实的"五径"阅读教学法

1. 正确地书写生字

在教学生字和词语时,我都会细心地指导学生的坐姿和一些易错字的写法。例如,"褪"是《老人与海鸥》一课中的易错字,教学时,我先让学生观看"褪"字的书写小视频,提醒学生注意字的结构、位置和关键笔画等,然后再让学生描红和书写,最后将学生们的字展示出来,大家评价。这些方式学生

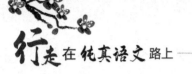

容易接受，效果也很好。

2. 细致地默读课文

在阅读教学中我总是引导学生细致地默读课文，从读中找出有效信息。多年来的实践我发现，细致有效地默读课文，对提高学生的阅读能力有很大的作用。

3. 传神地朗读课文

朗读是阅读的一种基本方式，朗读有利于学生发展智力，获得思想熏陶。学生在教师的引导下，深入地理解课文，有感情地朗读课文，能激发学生对课文中描写的人、物、事产生强烈的情感共鸣。因此，我采用各种方法，不断地挖掘课文中可以提高学生朗读能力的元素，进行朗读训练。教学《老人与海鸥》这篇课文时，我设计了多处朗读训练，有教师范读、男女同学比较朗读、师生合作朗读、全班齐读等方式。品读老人喂海鸥的句子时，我以诗歌形式出示句子："老人顺着栏杆边走边放，海鸥依他的节奏起起落落，排成一片翻飞的白色，飞成一篇有声有色的乐谱"，教师先范读，接着师生合作朗读，从读中感受老人对海鸥无私的爱。品读老人唤海鸥的句子时，我引导学生连贯地大声地唤"独脚"，轻轻地唤"灰头"，悠长地唤"红嘴"，简短地唤"老沙"，用地方话唤"公主"，从而让学生感受声音的长短、高低变化，进而理解"抑扬顿挫"这个成语的意思。

4. 潜心地仿写创作

叶圣陶先生有句名言："教材无非是个例子。"课文遣词造句、布局谋篇、选材立意，都是学生学会写作的"指南"。仿写是指导学生依照课文的语言、写作方法，写出自己的所见、所闻、所感。仿写的主要目的是让学生学习作者的表达方式，并在学习过程中能够进一步体会课文内容，同时达到训练写作的目的。因此，在阅读教学中，我认真研究文本，以文本为凭借，从学生实际出发，引导学生进行仿写训练，指导学生在读懂课文内容的基础上抓住语言文字训练点，通过抓关键词语、关联词、修辞手法、段落结构、表达方式等进行仿写训练，使学生循序渐进地掌握读写结合的技巧，增强写作能力。教学《老人与海鸥》第一部分时，我抓住作者对老人的神态、动作、语言等方面的描写，设计了一个由浅而深的梯度写话训练，让学生感悟写法，引导学生尝试

仿写。在写话中学生们巧妙地运用了所学的描写方法，通过写话，我发现许多学生表达出了自己的真情实感，写得十分精彩。

5.静静地通览名著

苏联教育家苏霍姆林斯基说过："让学生变聪明的方法，不是补课，不是增加作业量，而是阅读、阅读、再阅读。"让学生进行大量的课外阅读，借助丰富的人类文化精品滋养学生的心灵，充实学生的头脑，提升学生的素养，无疑是使学生终身受益的重要措施。《义务教育语文课程标准》（2011版）提出："小学语文必须高度重视并引导学生进行课外阅读。"课外阅读是语文教学的延伸和补充，它不仅与扩大学生知识、培养阅读兴趣、养成阅读习惯、提高读写能力有着密切的关系，而且对发展思维、陶冶情操、促进志向的形成起着重要的作用。每次上完阅读课，我都会向学生们推荐相关的课外读物。

二、扎实、快乐教学中我的收获

（1）用比以前少的教学时间提升了学生的语文成绩及语文素养，幸福在师生之间荡漾。

（2）学生喜欢上自己的课，期待上自己的课，幸福感爆棚。

（3）提升了自己的专业水平，感觉到做一名有专业尊严的教师挺幸福的。2016年3月报送的课例《第二单元：9 老人与海鸥》在教育部2014年度"一师一优课、一课一名师"活动中被评为教育部"优课"。

三、我的反思

走在教研的路上，我撷取了快乐、成功，当然也遇到了失败，发现了教学上不少的不足。

（1）需要不断提高自身语文素养，引领我的团队在扎实高效的语文教学中探索。

（2）需加强学习，不断提高教学理论和科研水平。

今后，我会在平时的教学中再多用一点儿心，再多动一点儿情。学会唤醒自我，积极参与培训，学会沉淀，乐于交流与反思，与学生扎实、快乐地徜徉在语文的乐园中。

第六章

书写一方水土，品学纯真语文

君自故乡来，应知故乡事。当以"初心"为船，以"梦想"为帆，脚踏"本土"资源，借"语文"之风力，共度"纯真"旅途！立足言语表达土壤，坚守纯真语文本色。铅华洗尽，返璞归真，借纯挚之心，守语文之真，书写一方水土，品学纯真语文。

广东省吴夏梅名师工作室
Guangdong Wu Xiamei famous teacher's studio

本土教学资源的概念、价值、方法

作为一门课程，语文的内涵一直存在多义的理解，主要有语言与文字、语言与文学、语言与文化三种。小学语文一直在语言与文字、文学间行走。将地方文化融入语文教学，尤其是语文教学难点问题——习作教学中，其独具的文化传承与教育意义，是其他课程资源无法取代的。

语文教学的终极目标是表达（口头表达与书面表达），应注意在平时的教学中引导学生发现文本表达的秘妙之处，并指导学生进行仿写。还应注重开发和利用本土教学资源，使习以为常的家乡物与事通过文字的一笔一画凸显在学生的面前，使淡忘疏离的家乡历史与诗书通过文字的一笔一画呈现在学生面前，构成完整的关于家乡的叙事，从而达到"应知故乡事"的资源建设目的。在完成"故乡事"的叙事的同时，设置"收集—发现—欣赏—表达"的习作训练路径，完成调查收集、感官观察、空间观察、有序叙述、特征描写、动静结合描写、心理描写、动作描写、语言描写、外貌描写、抓特长写人、一件事写人、多件事写人、广告文体写作、手抄报制作、游记、儿童诗等写作技法与文体的训练。以培养学生对家乡热爱之情的培育作为纽带，将"故乡事"与写作训练二者自然连接起来，无论是知故乡事、写故乡事，都系家乡情，使习作训练源于真情实感。

于漪老师曾说："民族文化是民族的根，乡土文化负载着民族文化，是根之根。"是的，乡土文化是民族历史发展进程中创造的物质财富和精神财富总和的具体体现。千百年来的农家文化、风情孕育了丰富的中华文化，许多作家便吮吸着乡土资源的营养长大。鲁迅先生的文化之根在浙江绍兴，是绍兴鲁镇孕育滋养了他的《故乡》《社戏》等作品。诺贝尔文学奖获得者莫言的文化之根在山东高密，没有高密的风土人情，没有高密厚重的历史，焉有今日之莫言，其《红高粱》等作品都深深地烙上了高密的印记。在翁源，从书堂石到现代诗社也涌现了许多文人墨客。可见本土资源对一个人的成长起着举足轻重的作用。

一、本土教学资源的定义

"本土"，是指一个人生长的地域范围，也可叫作故乡、家乡。我们可以这样理解：第一，本土是出生、生长的地方（故乡）。第二，本土是长期居住或者生活的地方。也就是说，本土是一个人"生于斯，长于斯"的地方。什么是本土资源？理论界对其没有明确系统的定义，大抵是指有地域特色的自然景观、文物名迹、民间艺术、民俗风情、名人逸事、语言文化、经济特色等，包括自然地理资源、人文历史资源和社会发展资源等方面。

二、本土教学资源引进小学语文教学的意义

意义一：符合新课标的要求

《义务教育语文课程标准》有这样的表述：

语文教师应高度重视课程资源的开发与利用，创造性地开展各类活动，增强学生在各种场合学语文、用语文的意识，多方面提高学生的语文能力。

自然风光、文化遗产、风俗民情、方言土语、国内外的重要事件、日常生活的话题等也都可以成为语文课程的资源。

各地都蕴藏着多种语文课程资源。学校要有强烈的资源意识，认真分析本地和本校的特点，充分利用已有的资源，积极开发潜在的资源，特别是人的资源因素和在课程实施过程中生成的资源因素。

这三段话道出了开发与利用语文课程资源的重要性和迫切性。乡土教材资源因其贴近学生生活，更容易引起学生的情感共鸣，能达到更好的育人效果，故而成为开发语文课程资源重要途径。教育资源内容是丰富的，包括课堂教学资源和课外学习资源。而我们的学生往往会在分数的驱使下，沉浸于课堂学习

之中，忽视身边的文化资源，对乡土素材或视而不见，或嗤之以鼻。作为授业传道的教师，我们应重视引导学生改变刻板观念，从生活中发现乡土素材、感悟乡土文化，从而丰富阅历、拓宽视野、增强积淀、提升品位。

意义二：从教学角度出发

分析本土资源在语文教学中的实践意义，主要体现在以下几个方面：

1. 有利于学生认识本土环境，了解乡土文化历史

有诗云："君自故乡来，应知故乡事。"（王维《杂诗》）。目前，大多数学生对自己的"故乡事"缺乏足够的认识和了解。当前，世界各国皆从基础教育改革入手，调整人才培养目标，改变人才培养模式，提高人才培养质量，促进人的可持续发展，使新一代国民具有适应21世纪社会、科技、经济发展所必备的素质。然而，审视我国如今之教育，人们对学校教育、家庭教育异常重视，却往往忽视了本土文化的影响和它作为教育资源的丰富性。特别是自改革开放以来，受西方各种教育理念和小学课程模式涌入影响与冲击，我国小学课程模式呈现出多元化趋势。与此同时，一些盲目"西方崇拜"和"原样照搬"极端化倾向的产生，使丰富本土资源被日益压缩，以致白白浪费。此情此景，我不由得想起一首诗。

春 晴

王驾 唐

雨前初见花间蕊，雨后全无叶底花。

蜂蝶纷纷过墙去，却疑春色在邻家。

舍近求远，缘木求鱼，无疑会让我们失去文化自信。找不到文化前进的方向，我们就如那"蜂蝶"，飞往人家的院子，恰恰丢弃了自己的花园。

翁源，南朝梁时置县，是广东历史上16个最早建制县之一的千年古县，盖因山水奇秀，物产丰饶，故古有"仙邑"之称。如今，山川秀丽、气候宜人的翁源，不仅因农林资源丰富、花果飘香被称为中国"三华李之乡"中国"九仙桃之乡"，还成为全国最大的国兰生产基地，是名副其实的"中国兰花之乡"。翁源蕴藏着丰富多彩的文化资源，千百年来积淀的乡土文化，其固有的独特风情，对生于斯，长于斯的少年儿童来说，无疑是得天独厚的育人条件。

我在教学中将翁源本土文化资源结合到语文教学中，首先要解决的是学生

"应知故乡事"的问题，要让学生知晓这片生养自己的土地的过去、现在和未来。不论是屋形奇特，纵横交错，似诸葛亮布下的八卦阵的蕙茅岭八卦大围，还是享誉全省的鹤蚌舞、采茶戏；不论是抗倭民族英雄陈璘，还是第一个踏上瓦良格号的中国船长——余新洪，这些都可帮助学生了解在这片土地上过去所发生的故事和历史事件。其次，开发与利用本土资源也可帮助学生更系统地认识翁源本土自然环境和人文环境，感受翁源自然山水、四季花果飘香的魅力，亲历本土文化和历史，体验本土社会经济发展取得的成就，从而培养对家乡的认同感和自豪感。

2. 有利于学生锻炼语文综合能力，学会解决实际问题

语文是一门实践性和综合性比较强的学科，其学习的最主要目的在于在日常生活中运用语文综合能力解决实际问题。教师是学习活动的组织者、引导者，应把"本土"这种与学生朝夕相处、学生非常熟悉又信手拈来的教学资源运用到语文综合实践活动的设计中，让学生在丰富的活动中锻炼实践探究能力，提高语文素养。例如，在高年段教学中，注意引导学生关注本土历史、本土地域特点和目前发展存在的问题等，引导他们以调查报告、建议书、演讲辩论等各种综合性语文活动形式，思考并解决现实问题。学生在关注本土历史、欣赏本土风情美之际，燃起了对本土的热爱之情，也唤醒了内心对故乡本土资源的保护意识。

3. 有利于学生积累写作素材，提高学生说写能力

习作难，难在"巧妇难为无米之炊"。多数学生不喜欢写作文，是因为无事可写，无话可说。而本土文化中蕴含着大量生动的写作素材，教师若有意识地引导学生去收集，则每个学生都能有所发现。本土的风景名胜、民俗风情、名人故事等，蕴藏着丰富的知识和文化，如果多加以观察并广泛积累，皆能成为习作的好素材。教师要鼓励学生多走走看看，多参加婚丧嫁娶等社会活动，感受本地区独特的风俗习惯，留意场面的气氛变化，留心观察人物的举止情态等，为日后语文课堂写作实践积累丰沛的写作灵感和丰富的素材。教师在教学中适时结合实际，辅以学生表达技巧和手法，则学生提高说话和习作质量、全面提升表达能力不再难矣。

现在学生大多是独生子女，加之家庭条件相对较好，家里玩具、各类数码电子产品一应俱全，许多学生节假日要么整天宅在家里看电视、玩电脑，要么参加各种培训班。渐渐地，他们远离了社会，远离了自然。作为教师，应以帮助学生改变这种现状为己任，把他们从电子娱乐沉迷中解放出来，把他们从繁重的课业负担中解放出来。教师或可建议家长多陪孩子到大自然中走一走，引着孩子去观察周围的人、事、景。那么，在作文教学中，学生便可巧妙地将本土资源融入所思所想，在学习中感受到浓郁的本土文化，挖掘出丰富的写作素材。

三、本土资源开发和利用的做法

（一）建立本土教育资源素材库

为使丰富的本土语文教育资源得以充分利用，可采用分工合作的方式，在有关专家的指导下，通过上网查询，访问民间艺人，请教博物馆、文广新局管理人员，走进村落，走进青山秀水，发动每个镇的小学语文骨干教师、学生和家长等多种途径搜集、探寻本土文化。开展"家乡美"采风活动，引导学生在节假日外出游玩、走亲访友之际，以摄影、访问等形式搜集当地富有特色的教学资源。再对本地教育资源进行分类、整理，建立乡土教育资源素材库，为乡土教育资源的利用提供丰富的第一手材料。具体分为六个系列：

1. 特色美食系列

主要认识礤下托子糍、周陂花麦糍、江尾连溪米面、六里油水鸡、周陂米饺子、溪黄草茶、珠江源茶叶、周陂冰花饼、客家糯米酒、油罩糍、马古塘莲藕等。

主要活动：

（1）寻找家乡的特产，认识、品尝家乡特产。

（2）学会制作一种特色美食，并把制作过程写下来。

（3）为特色美食写一段广告词。

2. 自然山川系列

主要以景色宜人的潖江河，风光秀丽的东华山、青云山，风景秀美的跃进水库，九曲水生态度假村和铁龙水龙宫等自然景观为主。

主要措施：

（1）收集家乡风景图片。

（2）组织适当的参观，实地体验家乡名胜，激发热爱家乡的自豪感。

（3）举行"未来的翁源"作文竞赛。

（4）举行"夸家乡"诗歌朗诵比赛。

3. 家乡名人系列

主要认识翁源古今的杰出人物，如唐代进士——邵谒，清咸丰总兵张得胜、徐尚同烈士，第一个踏上瓦良格号的中国船长——余新洪等。

（1）调查家乡的名人，收集相关的书籍、资料。

（2）认识家乡名人及其贡献，组织观看纪录片《万历朝鲜战争》。（补充说明：2014年7月4日，习近平在韩国国立首尔大学进行的演讲中提及陈璘，这位曾经鲜为人知的翁源籍抗倭英雄，立即引起中韩两国人民的高度关注。2015年，中央电视台和韩国KBS电视台联合拍摄宣传陈璘抗倭英雄史绩纪录片《万历朝鲜战争》）

（3）开展"寻找名人足迹"故事会。

4. 围屋文化系列

主要以粤北明清古建筑的"大观园"——湖心坝客家群楼和葸茅岭八卦围为主。

（1）收集相关图片、资料。

（2）组织亲子参加活动，感受建筑特色及内涵。

（3）撰写保护文物调查报告。

5. 花果特色系列

主要以欣赏翁源"四色花"（桃花、李花、油菜花、兰花），品尝翁源特色水果（三华李、九仙桃、葡萄、火龙果）为主。

（1）到粤台农业试验区、三华李观光园、仙鹤兰花长廊、九仙桃基地参观。

（2）阅读有关翁源花果文化的文章、诗歌、报道。

（3）举行制作"千年花果之乡等你来"邀请函比赛。

6. 诗书艺术系列

主要以"志于道，据于德，依于仁，游于艺"为情怀的非营利性公益文化机构——涂志伟美术馆、翁山诗书画院、涂文安摄影馆这三座艺术殿堂为主。

（1）组织实地参观活动。

（2）采访三位名人。

（3）推荐学生阅读本土出版的《翁源文艺》等书刊。

（二）编写《美在翁源》校本教材

（分三部分：发现美、感悟美、表达美）

本土教学资源广阔丰富，它既是一片丰沃的田野，也是一座取之不尽，用之不竭的宝藏，其教育价值无处不在。作为语文教师，我们无须舍近求远、缘木求鱼，而应脚踏实地地开发利用乡土资源，为学生源源不断地输送营养，让学生扎进家乡教育资源的"沃土"之中，从小领略本土资源的魅力，使之深深地融入心灵深处，绽放朵朵鲜花。

基于本土资源开发分析小学语文教学的革新途径

在小学语文教学活动中对本土资源的教育价值进行开发，不仅能够提升小学语文教学内容的丰富性，还能使小学语文教学与学生的生活实际建立联系，增强小学语文教学的实践性和系统性，进而实现通过小学语文教学培养小学生文化素养和道德观念的教育目的。与此同时，也可以锻炼学生的自主学习积极性和热爱家乡的积极生活态度。

一、当前小学语文教学现状存在之不足

小学语文教学在小学生群体综合素质培养中具有重要而特殊的作用，它不仅向学生传授基本的语文知识，更重要的是培养学生运用语文知识理解现实生活的能力，帮助学生建立正确的生活观念并培育学生树立正确的人格。要实现小学语文教学活动的教学目的，就必须合理运用实践教学策略，将语文知识的内涵与学生的生活实际相衔接，使学生掌握语文知识的实践应用，并通过语文实践教学活动使学生加深对实际生活的了解。当前小学语文教学活动在实践教学中存在与学生生活实际脱轨的现象，语文教学活动被局限于课堂教学的书本之内，不仅难以调动学生的自主学习积极性，而且导致学生难以掌握语文知识的实践性。另外，程序化、机械化的教学方式不仅使学生产生对语文知识学习的消极心理，死记硬背的学习负担甚至影响学生的积极生活态度。

二、基于本土资源开发的小学语文教学革新方向

1. 调动学习热情，学习过程自主化

小学生群体处于心理成长阶段，在学习过程中具有情绪化的心理特征，极易产生厌学情绪。针对小学生的心理特征进行科学的引导式教育，不仅能够激发学生的学习积极性，而且能够帮助学生挖掘自身的潜能，实现对学生优秀综合素质的培养。应充分认识到学生自主学习能力的重要性，尊重不同学生之间的差异性，抓住学生的实际特点进行合理的引导，将学生的学习积极性与学习目标建立连接；挖掘教材内容中的兴趣点与关键知识点，并进行有机融合，使学生的学习过程变成学生对语文知识内容的主动探索过程；在教材内容的挖掘之外，开发现实环境中的语文教学资源，丰富语文教学的实践性与趣味性，调动学生的参与感与体验感，使学生在寓教于乐的过程中掌握语文知识并培养正确的生活态度。

2. 开发本土资源，教学内容生活化

将语文教学活动带出语文课本的局限，使语文教学活动与学生的实际生活相衔接，从小学语文教学活动的角度实现对学生的综合素质培养，是小学语文教学的重点革新方向。转变传统小学语文教学的教学方式，以小学语文教学活动为桥梁，建立学生对家乡的正确认知和情感，提升学生的语文知识实践能力，加深学生文化素养和培养热爱现实生活的积极态度，可最大化地发挥小学语文教学的学科特点。

小学语文教学应以理论知识教育为基础，以实践教学活动为主导，强调语文教学内容的实践性，真正实现培养学生综合素质的教育目标。而小学语文教学的实践性就体现在语文知识内容与学生生活实际的联结上，只有将小学语文知识内容与学生生活实际相衔接，才能使学生认识到小学语文知识的价值和意义，并进行积极的自主学习。学生对其家乡具有一定程度的感性认知，但是没有深层的理性认识，本土资源的开发就是对学生现实生活环境的融入。通过语文教学活动，利用学生对家乡的情感来建立深层内涵的理解，不仅能够全方面培养学生的语文应用能力，还能树立学生正确的生活观念。所以，开发本土资源，使小学语文教学内容生活化，是小学语文教学改革在教学内容层面的核心

方向。

3. 完善考评机制，发挥评价导向性

小学语文教学的革新，不仅需要在教学理念上树立以学生为本的导向，在教学内容上对本土资源进行融入，同时也需要建立并逐步完善小学语文教学的考评机制。小学语文教学考评机制不仅能够起到对教学策略和教学结果的信息反馈作用，更重要的是能够起到对学生学习心态的引导作用。传统的小学语文教学考评侧重于对学生的学习成绩进行评价，这不仅使学生形成机械化学习的错误学习观念，而且不利于学生自主学习能力的培养。科学的小学语文教学考评机制应侧重学生在语文学习过程中的学习能力和内在素质表现，引导学生积极地挖掘自我和发挥自我，弱化语文评测成绩对学生的影响力，保护学生的自主学习积极性和学习自信。建立科学而合理的小学语文教学考评机制，是转变传统小学语文教学观念的重要标志，也是小学语文教学改革方向的科学性体现。

三、基于本土资源开发的小学语文教学革新策略

1. 开发本土自然资源

在本土资源的教育价值开发中，最为基础的就是对本土自然资源教育价值的开发。家乡的魅力是无须通过教育活动来表现的，特别是对于好奇心较强的小学生群体而言，家乡的自然景物是学生了解最多、最全面的知识内容。学生家长经常带领学生进行游玩活动，这些都为小学语文教学活动展开本土自然资源教育奠定了一定的基础。学生自身对自然景观的了解，以及来自学生家庭层面的教育，都可丰富学生对于自然景观本身的知识。而小学语文教学则是对自然景观中的人文情怀进行挖掘，向学生展示祖国大好河山的精神内涵和文化意义，进而实现对学生进行素质教育的教学目的。因此，在小学语文教学活动中，对学生家乡本土自然资源进行开发是可行的基本教学革新策略。

2. 开发本土历史资源

小学语文教学活动是小学教育领域中对学生进行中国优秀传统文化教育的核心途径，而中国优秀传统文化是从历史的演进中传承下来的，利用小学语文教学活动对学生进行家乡本上的历史传承教育，是培养小学生群体热爱家乡、

提升道德素养的有效教育策略。小学生群体由于社会阅历较浅，虽然生活在家乡，时刻感受着家乡文化的熏陶，但是难以形成对家乡文化内涵的真正认知和理解。小学语文教学活动应以学生家乡历史为本土资源开发的突破口，通过实践教学活动与课堂教学活动的途径，建立学生成长与本地历史资源开发之间的衔接。

小学语文教师需首先对本地历史的发展进程进行系统化分析与研究，提炼出能够适应小学生认知能力的历史教育内容并融会贯通到小学语文的教学实践当中。对本地具有教育意义的重大历史事件进行解读、对本地历史文物进行研究，并将开发出来的教育内容与小学语文教学规划进行融合，通过课堂教学活动的讲解向学生进行教育。亦可组织学生参观本地历史古迹、博物馆、抗日战争及解放战争纪念馆等实践教学活动，通过学生的切身体验来对学生进行思想教育和道德品质教育。在实践活动后，可要求学生对实践活动过程进行感悟交流探讨，在交流互动中丰富对历史意义的理解；还可要求学生在作文创作中进行文字层面的表达，以写作过程中巩固学生对家乡历史的认知和理解。

3. 开发本地文化资源

本地文化资源对小学语文教学具有重要的教育价值。文化的熏陶能够潜移默化地影响人格的形成，特别是对处于身心成长阶段的小学生群体而言，得到本地优秀价值文化的教育至关重要。小学语文教学活动是实现这一文化育人教育策略的重要教育手段，开发本地文化并融入小学语文教学活动中对小学语文也是极具创新意义的改革策略。

小学语文教育层面的本地文化资源开发，主要是指对本地风土人情中教育价值的挖掘与利用。首先，文化资源是涵盖范围较为宽泛的教育资源，而且其内容也相对深刻，而本地文化资源中的本地风土人情部分是小学生群体认知能力容易接受的本地文化资源。其次，本地风土人情的文化氛围无时无刻不覆盖着小学生群体的认知，从本质上讲，小学生群体每天都在接受着本地风土人情的"教育"，只不过这种自然形成的文化影响模式不够具体，也不够科学。小学语文教学活动将本地文化资源中风土人情中具有较高教育价值部分进行开发，并针对小学生群体的认知能力特点进行合理的教学规划设计，使小学生群体能够真正地、深入地、系统化地了解家乡的文化内涵和人文情怀，进而实现培养学生文化内涵的教育目的。特别是在具有本地化的节日活动中，教师应组织学生进行文化的实践体验，并向学生讲解本地节日或庆典中的文化意义，在学生进行实践参与后要求学生进行作文形式的感悟体验。从文化的角度对小学生群体进行教育，其根本并非要求学生掌握多少文化知识，而是通过文化活动的实践参与，使学生能够加深对家乡的认识，以及提升对生活的热爱，为学生的健康人格形成奠定坚实的文化基础。

参考文献

［1］王学林.基于本土文化资源开发的小学语文综合性学习的实践［J］.现代中小学教育，2011（05）.

［2］高爱.基于乡愁理念的本土教育资源开发利用［J］.江苏教育研究，2014（22）.

［3］赵浩.开发小学语文课堂动态生成性教学资源的策略探讨［J］.广州广播电视大学学报，2016（06）.

小学语文教学中本土资源的应用研究

　　将本土资源与小学语文教学相融合，能够使"本土"一词在学生头脑中转换为更为直观具体的立体形象，不仅能够激发学生的思考兴趣，还能培养学生的自主探究能力和思维创新能力。融入本土资源，能够激发学生的想象力，使学生通过本土资源联想到本土世界的淳朴优美，对大自然和生命产生敬意。语文教学中融入本土资源，既能使学生感受到大自然山水之间的亲切和宁静，又能使学生在学习过程中深刻领悟自己与本土资源之间具有血脉相通之情意，提升学生人文主义精神。

　　本土资源历史悠久，文化灿烂，有着深厚的文化底蕴。在小学语文教学中应用具有悠久的历史和丰富的文化沉淀的本土资源，能在一定程度上拓宽学生获得传统文化的途径，也利于学生以语文学科得天独厚的优势，弘扬和传承中国优秀的传统文化，从而有效培养学生的语文素养和人文精神。

一、小学语文教学中存在的问题

1. 教学方法过于单一

　　随着核心素养及统编教材的不断推进，小学语文教学将越来越注重有效性。在当前小学语文教学中，很多语文教师受传统应试教育理念影响，仍然采用传统的以自我为中心的灌输式教学方式向学生传授知识，这表明教师对核心素养下的现代化教学理念理解得不透彻。教师在教学过程中忽略了学生的主体地位，缺乏与学生的互动，难以提高学生学习语文的兴趣，不利于学生更好地掌握语文知识。对于传统的教学方法，取其精华，去其糟粕方是正道。就小学语文教学现状而言，教学方法目前还是过于单一，没有营造出课堂教学的和谐氛围。我们的教育对象是小学生，活泼、好动是他们的天性，日新月异的日常生活解放了他们的思维，继续采取传统单一的教学模式已很难满足学生的学习需求，也很难吸引学生保持学习语文知识的注意力。

2. 语文教学缺乏实践

在统编教材和核心素养的要求中，教学要重视对学生语文知识的学习培养，使学生能将语文知识应用到具体实践当中。反观当下，小学语文教学依然缺乏实践，理论知识与实际运用的结合相对较差，没有发挥好语文的语用性功能。很多语文教师在教学过程中，没有对教学方式和教学方法进行创新，仍采用传统教学方式对学生灌输理论知识，缺乏对语文知识运用的重视。他们忽略了小学语文教学中包含的很多培养学生语文素养和综合能力的实践教学活动，如亲子阅读、语文大课堂等。学生在课堂上学习到的语文知识得不到实际操练，这在一定程度上影响了学生思维创新能力及理论运用能力的有效提升。

3. 对学习能力培养缺乏重视

在当前小学语文教学中，教师往往没有灵活开展教学，没有充分考虑学生知识掌握程度及接受能力等因素，而是以传统模式照搬课本知识进行讲解，忽略了学生的主体地位。然而每个学生都是一个独立的个体，有着个体差异性，如若教学没有做到因人而异、因材施教，必然导致部分学生跟不上教学进度，无法理解和内化教学内容。长此以往，小学生创新思维意识和实际应用能力将日益匮乏，不仅严重影响小学语文教学效果，还将阻碍学生整体专业语文素养的提高。此外，很多学校和教师只重视小学生的成绩，因而极其重视教材基本知识讲解，却没有将教材的知识进行适当拓展教学，忽略了对学生学习能力的培养。"杀鸡取卵"不仅不利于开拓学生的学习思维，反而将学生学习的积极性消耗殆尽。就算是重视教材基本知识的讲解，大多数教师在讲解材料知识时，也没有突出重点和难点，又使学生难以有效地将所学知识运用到实际生活当中。

二、语文本土课程资源的特点

1. 独特性

语文本土课程资源具有自己的独特性。首先，本土资源是本土所特有的，具有丰富多彩的文化资源和自然资源。语文是一门内容广泛的学科，自然生态和文化生态各个方面都可以成为语文的教育载体。本土资源包括社会风俗、人文地理、民族习惯等，都各富地域特色，是对语文课程内容极好的丰富，可进一步培养学生的人文精神和对大自然的浓厚情感。立根于本土地域文化及师生特点的语文本土资源课程，其所表现的形态和构成形式的各异，彰显了语文本土课程资源的独特性。在不同的文化教育背景下，学生的科学观、价值观及生活方式因时因地而变，因而时刻关注社会的变化，方能将语文本土课程资源的独特性更好地发挥出来。通过不断调整课程资源开发和利用的方向，可优化语文本土课程资源，使其发挥出更好的资源教育教学作用。

2. 地域性

语文本土课程资源的特点除了具有独特性，还具有一定的地域性。本土地区所开发的特有课程资源，代表着本地资源的特色和本地资源的地域内涵，其中包括语文中常用到的语文材料和辅助资料等，这样的语文本土资源自然而然地具有鲜明的地域色彩。

我神州地大物博，各个地域独特的自然条件和人文历史，使地域发展各有千秋，语文本土资源也因不同地区的文化差异，其所表现的本土课程资源形式也不尽相同。地域的限制性决定了资源的差异性，也使语文本土课程资源更加肥沃和丰厚。

三、本土资源在语文教学中的意义

1. 有利于学生了解本土文化历史

将本土资源在特定的环境中根据地域所表现出的特色及人文精神通过整合和开发，纳入语文课程的教学当中，对培养学生人文主义精神具有重要的意义。我们倡导在小学语文教学中应用本土资源，源于当前小学语文教学没有意识到本土资源的重要性，忽略了对这方面的教育和引导，导致很多学生对其所生活的本土缺乏正确认知，学生无法深入理解本土资源特色和人文精神，甚至对养育自己的具有独特历史意义的土地感到陌生。在语文教学中应用本土资源，能够使学生知晓这片生养自己的土地的过去、现在和未来，帮助学生认识本土环境，充分了解本土文化历史。本土资源不仅具有丰富的文化历史知识，还具有一定的本土风情和特色，通过对本土资源在教学中的应用，能够帮助学生了解在这片土地上过去所发生的故事和历史事件，帮助学生更加系统地认识自然环境和人文环境，从而有效培养学生的人文主义精神和对大自然的崇敬之情。

2. 有利于锻炼学生语文综合能力

小学语文教学具有很多综合性的知识，很多教师选择性忽略了这部分提升学生语文综合能力的重要内容，缺乏对学生语文综合能力的锻炼培养，弱化了学生在日常生活中使用语文解决实际问题的能力，影响了学生语文素养和涵养的有效提升。教师作为教学工作的引导者和组织者，要灵活设计多种教学活动方案，巧妙地将本土资源应用在小学语文教学中，引导学生在丰富的语文实践活动中提高自身的探究能力和探究意识。加强学生对本土资源人文风情的了解，激发学生对所在本土的热爱之情，使学生正确了解和认识到本土资源保护的重要性，能在以后的学习当中养成站在家乡发展的角度看待问题的习惯，不断提高自身语文综合能力，将来更好地为家乡的发展作出贡献。

四、小学语文教学中本土资源的应用策略

1. 利用本土资源创设教学情境

在小学语文教学中应用本土资源，教师可以本土资源为着力点，为学生创设教学情境，使学生回归生活世界，直接体验到一种现实生活环境。教师可以利用多媒体等教学设备，结合本节课教学内容，开展形式多样、内容丰富的语文实践活动，可以为学生播放有关本土资源的视频和图片，让学生观察本土资源的风景，感受本土资源的文化，结合本节课所学的知识点，将课文中抽象的内容重、难点化整为零。教师还可以让学生以小组为单位，讨论本土资源自然景观的特点，最大限度地调动学生的感官去感知认识，从而有效提高语文教学的直观性，提高小学语文教学效率。我发现，把翁源本土资源引入课堂中，学

生参与课堂的积极性更高了，学生在欣赏本土风情之美的同时，对本土的热爱之情也日益增强，更重要的是唤醒了学生对本土资源的保护意识。例如，在学写调查报告和倡议书的单元作文教学中，学生就提出了很多改善龙湖水质的措施和向外界介绍翁源特产的方法等。

2. 在作文教学中运用本土资源

教师可以利用本土文化资源，训练学生的写作能力。教师利用本土资源茂密的原始山林、丰富的民族文化，以及每天都发生的精彩纷呈的故事，引导学生善于观察大自然、观察社会，让语文教学在与本土资源的结合中充分延伸。教师还可以将作文课堂放置于景点中，丰富学生自身见闻，积累本土资源的妙词佳句；另外，教师要充分合理利用本土文化资源，积极为学生开发课堂内外的各种资源，使学生能有所思、所写，达到训练写作能力的目的。此外，教师可以为学生布置课后写作作业，让学生通过观察和游玩家乡景点，充分掌握本土资源的景色和历史文化名人，将理论知识和已有的文学知识运用到写作当中，夯实文化基础，从而提高自身的灵性和悟性。

在二十多年的小学语文教学实践中，我发现翁源的花果、美食、山水、人、物、诗书文化等很有特色，与本县的骨干教师合作编写了地方教材《美在翁源》。教材由发现"故乡"的美——"花之魅力"开篇，导引学生认识自己生活的地方——千年古县翁源，它有四色花，是"中国九仙桃之乡""中国三华李之乡""中国兰花之乡"，四季鲜果飘香，是一个美丽的居所。在诗意的叙写上，如桃花的"笑春风"、李花的"千树万树"、油菜花的"易清香"、兰花的"浓妆淡抹"等，又以大量的说明文字介绍家乡的美景、美食、山水、人与景及诗书艺术，同时在"故乡事"与写作训练之间，以学生对故乡热爱之情的培育作为纽带将二者自然连接起来，无论是知故乡事、写故乡事，都系家乡情，使习作训练源于真情实感。例如，在习作教学《写一次游览的经历》时，我首先利用校讯通平台给每位家长发短信。让学生参加实践活动后写出习作，然后根据学生上交的习作、照片，制作好课件。在课堂中课件先出示翁源旅游景点的图片。指名说说景点的名称，并让学生用一小段话形容景点给自己留下的印象，提醒学生结合实际并恰当用上优美的词句。在指导学生如何把景物描写得具体、生动时，也出示大家都非常熟悉的我们当地东华寺的笑弥勒佛照片，引导学生抓住景物的颜色、形状、大小、光泽、动静等结合写作，进行大胆巧妙的想象，恰当运用比喻、拟人、排比等修辞手法来形象地描绘。这次习作指导，通过让学生与家长一起游览、收集有关资料、课堂出示学生非常熟悉的景点训练等体验活动，让学生轻松地写出富有真情实感的作文，解决了写作"假""空"的问题，有效地解决了小学生"惧怕"写游记这一难题。

3. 在检测中融入本土资源

随着本土资源的开发和利用，本土资源文化与小学语文日渐融合。在小学语文教学中应用本土资源，可以考虑将本土文化类的试题融入考试当中。在融入本土资源时，要确保本土资源具有浓厚的本土文化和丰厚的人文性，有利于学生在做题当中充分认识到本土资源的文化内涵和特色，在一定程度上激发学生对本土的民族自豪感。将本土资源融入考试当中，通过对学生对本土文化的考察，充分了解到学生对本土资源和文化的掌握程度，以更好地引导学生对祖国、对故土的热爱，品味民俗风土人情的美妙。学生通过这种方式了解到的本土资源和文化，必定能够激发学生的爱国、爱乡热情，并对学生产生深远的影响，促进本土文化的继承发展及故土乡情的培养。教师在小学语文教学中渗透本土资源文化教育，不仅能使学生明白本土意义之所在，还能拓展学生语文综合素养，从而促进学生全面发展。通过这种潜移默化的教育，既扩大了学生语文知识的认知范围，又能使学生学会关怀我们的民族和世界的生存之境况。

📖 参考文献

［1］王飞.让小学语文课堂弥漫乡土芳香——小学语文教学中乡土资源的开发与应用策略［J］.内蒙古教育，2016（21）.

［2］何晓波.让本土文化在语文实践教学中绽放魅力［J］.小学教学参考，2011（12）.

［3］薛倩.本土文化与小学语文教学［J］.小学教学参考，2011（34）.

［4］韦世荣.浅谈在小学语文教学中如何利用乡土资源［J］.科学咨询（教育科研），2016（03）.

与教材紧密配合，写一次游览的经历

【学情分析】

本班学生写作基础一般，具体表现为中间多，两头少。不少学生的习作感情漠然，词不言情，笔是心非，失真失诚，出现了很多"胡编式作文"，东摘西抄的"拼凑式作文"，全文照搬的"移植式作文"。学生们特别"惧怕"写游记，部分学生把游记写成记事习作，描写顺序凌乱，语言枯燥。许多学生写出的习作像一笔流水账，总是从早晨起床，刷牙漱口洗脸开始，到游览结束，晚上睡觉为止，不分主次轻重，点滴不漏。此次作文，就是要治疗学生写参观游览记类文体时的这种通病，让学生明白要写好一篇"游览活动"的文章，首先要选定印象较深的景物，再进行具体的描写，突出重点。对于重点的景物，要注意详细描写出它们的位置、大小、动态、静态、颜色等；其次教会学生把过程写详细、具体，做到主次分明，详略得当，情、理、景相结合。特别要提醒学生倾注自己的思想感情，提高爱美的情趣，以激发热爱家乡的情怀。

【教学目标】

（1）按照游览顺序写作，做到"言之有物"、内容具体、条理清晰。

（2）抓住景物的特点进行描写，做到详略得当。

（3）引导学生习作中运用平时积累的优美词句，巧妙地使用比喻、拟人、排比等修辞手法，表达真情实感。

【教学重难点】

做到"抒感情，有情趣"，写出自己的真情实感；抓住印象深刻的部分进行描写，巧妙使用修辞手法，做到生动具体。

【教学准备】

（1）多媒体课件。

（2）校讯通平台。

【课前互动】

（1）利用校讯通平台给每位家长发短信。（尊敬的各位家长：你们好！快乐的周末又到了。这个周末请您抽空带着孩子去感受翁源山水的魅力吧！历史悠久、建筑宏伟的东华山风景区，蕉茅岭八卦大围、湖心坝客家围楼；风景独特的铁龙洞、周陂白面仙岩；有自然氧吧之称的青云山、九曲水等都是您不错的选择！请您在游览中多拍几张照片。谢谢！）

（2）布置学生审题。

（3）布置学生收集有关资料，如搜集描写景物的优美句段，积累描写山水、树木的词语。

（4）根据学生上交的习作、照片，制作好课件。

【教学过程】

（一）看图激趣，学会表达感受

（1）课件出示翁源旅游景点图片（见下图）。

翁源旅游景点

（2）指名说说景点的名称，并用一小段话形容景点给自己留下的印象。提醒学生结合实际恰当用上优美的词句。

（二）掌握给习作拟题的方法

（1）题目是文章的眼睛，那么我们怎样给自己的这篇习作起一个好的名字呢？

（2）我们可以用线索+地点命题，如《游东华寺》；也可以用地点+时间来命题，如《东华寺一日游》；还可以用时间+地点来命题，如《三月的九曲水》《春节的东华寺》。

（3）学生根据教师的方法给自己的习作拟题目。

（三）掌握按游览顺序写作的方法

（1）通过谈话、回忆、练习、佳作引路等方法，让学生掌握如何围绕中心取材，如何做到详略得当。

（2）指导写作顺序。

①谈话：写一篇文章要有一条贯穿全文的线索，在写《游×××》这篇作文时，"游"字可以作为贯穿全文的线索。现在请同学们回顾一下，我们读过的《七月的天山》的游览线索是什么？

（游览线：进入天山—再往里走—进天山深处）这就是作者的游览顺序。

②你准备按怎样的顺序写呢？

先—然后—再—（这就叫作游踪）

《桂林山水》是抓住桂林的山、水这两处代表性的景物刻画的，突出山水的美景。你也可以抓住有代表性的景物来写。

③归纳板书：按游览顺序写。

承上启下的过渡词：

进了、绕过、走完、来到、登上、下来、走过……

④讨论：怎样抓住有代表性的景物来写？

（3）用"啄木鸟医生治疗"的方式指导如何取材。

①教师举出三种情况。

②指导学生找出优缺点。

（四）佳作引路，善用修辞

（1）佳作引路：课件出示何嘉颖同学描写东华寺罗汉林的照片、精彩描写片段。

东华寺罗汉林

罗汉大小高矮胖瘦各不相同，神情动作千姿百态。有的咬牙切齿，怒目而视；有的朱唇微启，面带微笑；有的盘膝而坐，双手合十；有的金鸡独立，手舞钢鞭；有的眼睛半闭，手持经卷……

出示课件：

铁龙仙洞主洞长达1700米，依一条地下河蜿蜒伸入，河水终年不息。洞中有龙潭四处，厅堂十余，宽敞构造奇特。洞内岩石呈灰白、棕黄、紫红、褐色，有钟乳、笋柱、莲花等造型。听潺潺流水观奇石怪光，穿行其间如入龙宫仙境。

（2）讨论：想想怎样把景物描写得具体、生动？

①写下了自己的所见、所闻、所感。

②抓住景物的颜色、形状、大小、光泽、动静结合写。

③大胆巧妙地想象，恰当运用比喻、拟人、排比等修辞手法来形象描绘。

（3）出示东华寺笑弥勒佛照片进行课堂练习。

笑弥勒佛

笑弥勒佛坐在莲花上，他（面目慈祥、笑容可掬），瞧！五个天真可爱的小娃娃在与他玩耍，有的（　　　）；有的（　　　）；有的（　　　）；有的（　　　）；有的（　　　）。

（4）交流。

（五）总结，学生练写习作

（1）总结板书。

（2）文章可以怎样结尾？（自然结尾、抒情结尾、议论结尾等）

引导学生回忆、归纳本节课的内容。

（3）学生动笔写。

（4）小组同学修改。

（5）组内推荐，全班展示。

（6）抄正上交。

板书设计：

写一次游览的经历

1. 按游览先后顺序写

（进了、绕过、走完、来到、登上、下来、走过……）

2. 重点段描写：抓住位置、大小、动态、静态、颜色写

3. 巧妙运用比喻、拟人、排比等修辞手法

形式多样的研学活动与饱含真情的习作

一、"寻找家乡美 实现中国梦"研学活动

2016年11月,在县教育局组织下,课题组开展了"寻找家乡美 实现中国梦"研学活动。教师带领着学生,与涂志伟美术馆、涂文安摄影艺术馆、江尾镇湖心坝客家群楼、仁川社学美食、东华山风景区相约,让生于斯,长于斯的学生们身临其境地感受家乡四季如画、地灵人杰的风貌。

东华寺观美景

仁川社学品美食

游涂文安摄影艺术馆

走进涂志伟美术馆

江尾镇湖心坝客家群楼寻根活动

二、以兰花为主题的系列实践活动

翁源因其独特的地域环境，栽培出世界奇异品种的兰花，同时润育出许多历史文化名人，他们的内心精神世界与兰花文化息息相通。例如，宋代梅鼎臣、梅佐父子，双双考取进士，父子二人为人高风亮节、清正廉明，被世人传为佳话，与兰花的高洁精神相通；被誉为唐代"岭南五才子"之一的邵谒，其诗多抨击时事，敢为被压迫者鸣不平，与兰花的不屈不挠精神产生共鸣；明代的陈璘，少怀大志，从军报国，平息英德、肇庆、高州暴乱，与兰花的爱国精神一致；著名油画家涂志伟，毕业于广州美术学院，后赴美国留学，作品多次参加全国画展及全美画展并多次获大奖，最近被全美油画家协会选举为主席，与兰花的质朴精神相契合。课题组以翁源历代历史人文为根基，深入挖掘"兰花"的人文精神的内涵，开展了以兰花为主题的系列实践活动。学生到兰花博览中心参观学习，现场了解兰花知识、兰花文化，携带纸笔写游记、品赏兰花。

德芳兰园曹德兴董事长给学生们上精彩的《识兰》大课

学生跟兰花协会工作人员学习栽培兰花

携带纸笔的学生合照

举行"我与兰花的故事"征文比赛

三、走进县博物馆研学活动

翁源这片古老而神奇的土地，积淀着祖祖辈辈创造和积累的无数瑰宝。"博古在通今，溯源为立本"，学生走进翁源县馆，与文物对话，切身体会文物彰显的千年古县的文化底蕴，既增强了课题实践活动的实效性，又开阔了眼界，强化了身为翁源人的自豪感，增进了热爱家乡的感情。

在历史文物展厅，同学们看到了我县新石器时代至青铜时代、秦汉至六朝时代、唐宋至明清、民国时代的历史文物和历史人物。

民俗文物展厅里，同学们饶有兴味地观赏爷爷奶奶口中提过的珠算盘、铜锁、石磨盘、簸箕等。

民俗文物展厅里，同学们了解了客家农事、客家围屋、客家山歌、客家生活风俗、客家服饰、客家礼仪等。

同学们恭敬地瞻仰陈璘塑像，津津有味地听解说员讲述陈璘的故事

同学们在历史文物展厅观赏

革命展厅的每一件文物都述说着我县人民英勇与敌寇作斗争的故事

同学们在民俗文物展厅里观赏

同学们在民俗文物展厅里观赏并听导游解说

四、利用家长的力量，结合课程开展活动

　　课题组在实验过程中充分调动家长资源，引导学生在节假日外出游玩、走亲访友之际，以摄影、访问等形式搜集当地富有特色的教学资源，使学生能有所思、所写，以此训练学生的写作能力。周陂米饺是翁源美食系列的一大亮点。为了让学生更好地了解这一特色美食，在家长志愿者的协助下，我们开展了包饺子实践活动。家长志愿者们带领学生按部就班做好各项准备工作，并细致讲解了米饺的历史渊源、制作流程等，耐心地解答了学生们的困惑。在家长志愿者的悉心指导下，学生们热情高涨，一个个捏着饺子皮小心翼翼地放馅、沾水、包拢，不一会儿，一盘盘形状各异的饺子成型了，学生们学习着，实践着，不亦乐乎。一锅锅热腾腾的饺子端上餐桌，有韭菜馅儿的、玉米馅儿的……同学们笑着，吃得欢快极了，动情的笑脸感染了每一个人。更让人欣喜的是，每个参与活动的学生都写出了生动具体、饱含真情实感的习作。

家长志愿者教学生们包周陂米饺

附　录

学生优秀作品

心中最美的 "兰花"

翁源县实验小学六（1）班　王炫烨

　　人说"梅花香自苦寒来"，兰花飘香何尝不是因为度过了寒冷的冬季？如果你欣赏梅花之傲而不俗芳姿，那我更欣赏兰花的清逸雅态。"处幽谷而厚积，经隆冬而吐香"，兰花最令人倾倒之处是"幽"。它开在人迹罕至的深山野谷，却从来不会因为没有人欣赏而不散发清婉素淡的香气。做兰花一样的人，不必秀丽迷人，但务必有一种"人不知而不愠"的君子风格。

　　马路上的环卫工人，他们虽然工作在城市的角落，甚至还成为被奚落的对象，但是他们一直默默无闻，为美化城市尽自己微薄的一份力。不论严寒酷暑，他们总是第一个起床，第一个来到马路上。他们一次又一次捡起乱七八糟的污物，一次又一次扫去飞扬的尘土……扫地，捡纸；捡纸，扫地。每天重复着这样简单而烦琐的工作，循环着艰辛的劳动。好几次，我见他们弯着腰，一路坚持着捡起杂乱无章的垃圾；好几次，我见他们沿路清扫成堆的枯枝落叶；好几次，我见他们蹬着臭味熏天的垃圾车艰难行进着。甚至有一次，我在过马路的时候，看见一辆飞驰而来的轿车差点儿撞倒一个身穿橘黄色背心穿梭在马路上忙活的背影，他惊慌失措，目光呆滞，甚是无助。岁月虽已悄悄爬上他们的脸庞，留下了沧桑，但是他们似乎全然不顾微微佝偻的背、布满血丝的眼睛，他们看着干净的马路憨实地笑，那是为自己的劳动成果而自豪！

　　环卫工人！我觉得，你们是我心中最美的"兰花"，不求名，不为什么荣誉，只有自强不息，只追求坦荡胸襟。我要向你们一样做一个实实在在的人，默默无闻，埋头读自己喜欢的书，不懈地去追求茫茫书海中蕴藏着的无穷无尽的知识和人生哲理。

兰　花

翁源县实验小学六（1）班　林秦锋

　　我家有很多妈妈种的兰花，它们也是我的最爱。

　　妈妈告诉我，人们把兰花称为"花中君子"，因为兰花四季常青，开出的花不但漂亮还特别香。妈妈还告诉我，兰花有很多品种，全年都有花开。因为妈妈偏爱兰花，所以家里有各式品种的兰花，因而家里一年四季都有兰花开放，家里每一个角落时常弥漫着兰花的清香，成了一个小小的兰世界。

　　春天开的"大富贵"，是荷瓣的，从秋末就开始打苞，一直到花开飘香，再到花谢留下余香，要历经四五个月。你看那小小的花朵，开在翠绿的兰叶中，每一个花瓣都萦绕了一层淡淡的青绿，远远望去好像一朵袖珍的绿荷休憩在青青的河面上。近前再观，呀！每个花瓣上都有点点淡红，好似姑娘美丽的脸蛋上晕染了薄薄的胭脂，那嫩黄的花心衬得花朵越发清秀可人，惹人怜爱；俯下身去，那阵阵兰香沁人肺腑，令人沉醉其中不愿离去；一步三回首，那清香若有似无，如影随形。"大富贵"如此，还有"仙草""雪峰"等品种亦是如此镌刻人心，观而不忘。

　　到了夏天，会有"素心""三星蝶""七仙女"等竞相开放，它们的花期，从打苞到花谢，也得三四个月。还有"四季牡丹"，听名字就知道，是一年四季随时打苞即刻飘香的优良品种，有纯纯的白色，有淡淡的黄绿，也有幽幽的粉青，但无一例外，开出的花都是层层叠叠、花团锦簇，既清雅又馥丽，可远嗅，可近观。

兰花，正应了一句古语："有曰兰花美若仙，兰香兰韵润心田。"跟着妈妈，我不但学会了养兰识兰，更了解了很多关于兰花的故事，下次再慢慢告诉你们吧！

特色美食系列（广告词）

1.周陂米饺，皮爽肉鲜，口感嫩滑，过齿留香。

——翁源县实验小学四（1）班 许嘉欣

2.周陂米饺真好吃，又脆又滑又鲜嫩，闻一闻，吃一吃，保你吃不厌。

——翁源县实验小学四（1）班 胡媛

3.周陂大肉，肉质鲜美，肥而不腻，口感饱满，回味悠长。

——翁源县实验小学四（1）班 许嘉欣

4.翁源溪黄草，清热又祛湿。凉血又散病，好处多又多。

——翁源县实验小学四（1）班 戴慧艳

5.月中桂花酿，人间糯米酒；醉心的品质，健康的享受。—翁宏品牌酒。

——翁源县实验小学四（1）班 肖逸

6.尽享翁源美，领百味人生！美食在翁源，营养又健康！

——翁源县实验小学四（1）班 谢柠蔚

7.美食哪里找，翁源少不了！

——翁源县实验小学四（2）班 王敏文

8.翁源三华李，一直甜心里。

——翁源县实验小学四（2）班 张琦

9.翁源九仙桃，赛天上蟠桃。

——翁源县实验小学四（2）班 罗丹

10. 买的是连溪米面，吃的是家乡味道。

　　　　　　　　　　——翁源县实验小学四（3）班 丘文东

11. 翁城地窖酒，清香典雅，至纯至真。

　　　　　　　　　　——翁源县实验小学四（3）班 林文瑶

12. 百看不厌的美景，百吃不厌的美食，尽在美丽翁源。

　　　　　　　　　　——翁源县实验小学五（2）班 陈雨晴

来吧，到我美丽的家乡——翁源来吧

翁源县实验小学六（3）班　陈林一

来吧，到我们绚丽多彩的家乡——翁源来吧，让我带你去领略一下我们翁源的美丽！

来吧，到我们翁源来吧，我会让你大饱口福，满载而归！我为你准备了松脆爽口的三华李，我为你准备了核小肉厚的九仙桃，我为你准备了清甜如蜜的周陂葡萄，还有六里火龙果、翁城甘蔗等。我们翁源的佳果真是数也数不清，品也品不完。

来吧，到我们翁源来吧，我会带你去领略翁源的各处名胜古迹。看，庙宇如林、庄严肃穆、古色古香的是可与南华寺相媲美的东华寺。多少人来这里祈福祷告，修身养性。来吧，你也来吧。再来看看矗立在滃江河畔的"书堂石"和涂志伟美术馆。位于河中心的那个岛就是传说中的书堂石，这是晚唐诗人邵谒在此截髻悬门筑室攻书的书堂，虽然只剩下残檐断壁，但我们似乎还能听见诗人在那儿吟诗作对。跟书堂石遥相呼应的就是雄伟壮丽的涂志伟美术馆，因为它傍石而建，远远望去，这座美术馆就像是从石头里蹦出来似的。涂志伟美术馆一共有三层，富丽堂皇，气度非凡，里面全是美术大师涂志伟的集大成之作，画作栩栩如生，让人看后流连忘返。

再去参观参观体现古人建筑智慧的江尾八卦围吧！这座罕见大围的房屋构造及规划完全按八卦样式设计建造，建筑群以祠堂为中心，左右和中后房屋按八卦层层加串，向外伸延，共有1653间房，99条街巷。作为围中交通要害的条条街巷都是用鹅卵石铺砌，纵横交错，宽阔之处可容5人并肩而行，狭窄之处成人侧身贴墙方可通过，就是这些数不胜数的小径构成了"迷魂阵"。整个大围总占地面积达1.6万多平方米，跨入其中，仿佛进入诸葛亮的八卦阵，扑朔迷离，若非村民引导，根本无法寻觅外出之路。房屋虽大都是黄土泥砖，但仍坚固如铁，数百年不倒。

来吧，到我们翁源来吧，我会带你一饱眼福。青云山自然保护区、九仙嶂、白面仙岩、冷泉滩……翁源的风景名胜还有很多很多，让你看也看不完。

是谁创造了翁源的美丽？是我们勤劳善良的翁源人民。古有梅鼎臣、梅佐、邵谒、陈璘将军，今有涂志伟、涂文安……各行各业的人都在为建设美丽的翁源贡献着自己的力量。翁源不仅山美水美，人也美！来吧，赶快到我美丽的家乡——人杰地灵的翁源来吧！

美丽的龙湖

翁源县实验小学六（2）班　肖文霖

"欲把西湖比西子，淡妆浓抹总相宜。"这句出自苏轼先生的《饮湖上初晴后雨》的诗，描写的正是美丽的西湖。我虽然没去过西湖，但我想它肯定和我家乡的龙湖一样美丽。

走进龙湖，便会看见它那波光粼粼的湖面，湖水碧绿如蓝。微风吹来，它给柳树姑娘梳理着飘飘的长发。看！湖心岛哥哥正向我招手呢！看着湖心岛哥哥，我不禁想起了唐代诗人刘禹锡的一句诗——"遥望洞庭山水色，白银盘里一青螺。"

往前走就会来到龙湖的一片草坪。这里的草坪翠色欲滴，绿得让人忘记了移步。草坪上有人在放风筝；有人在嬉戏打闹；还有人吹着微风，坐在草坪上望着湖面。

不同时候的龙湖也有不同的景色。当太阳即将落下时，夕阳把湖水染得通红，湖面倒映着夕阳与红云，显得格外美丽。天上的红云，有时像怒吼的雄狮；有时像奔腾的巨龙；有时像雄壮的公牛。"夕阳无限好，只是近黄昏。"很快，龙湖短暂的夕阳美景也消失了。夜幕降临，湖面在皎洁的月光下倒映着天，显得朦朦胧胧，给人一种隐约的美感。而这时，来逛街的人络绎不绝，龙湖广场的商城便会灯火通明，璀璨的霓虹灯闪射着龙湖。看着龙湖美丽的夜景，我深深地感受到了龙湖的美。我的家乡虽然只是一座小镇，但在龙湖，我却感受到了都市的繁华。

　　这就是我家乡美丽的龙湖。你喜欢它吗？如果喜欢，请你来到我的家乡，我会做你的小导游，带你尽情游玩！